Françoise & Pauline Bayle
unter Mitarbeit von Gaspard Walter

50 MAPS
NEW YORK

750 ADRESSEN – VON GUT BEKANNT BIS GUT VERSTECKT!

MIT DIESEM INFORMATIVEN, WITZIGEN REISEFÜHRER ENTDECKEN SIE DIE 750 BESTEN ADRESSEN IN NEW YORK:

Neben den bekannten Top-Sehenswürdigkeiten und Hotspots lernen Sie versteckte Orte und Geheimtipps kennen und folgen den Autoren zu ihren Lieblingsorten. Die zauberhaft illustrierten Karten lassen Sie das Gefühl gewinnen, Sie würden die Stadt bereits kennen – noch bevor Sie auch nur einen Fuß auf New Yorker Boden gesetzt haben.

WEGWEISER DURCH DAS BUCH

♥ Liebling des Autors
👁 unbedingt sehenswert

€ günstig
€€ mittelpreisig
€€€ gehobene Preisklasse
€€€€ teuer
€€€€€ Luxus

01 NEW YORK MAL ANDERS

Gebannt von den gigantischen Wolkenkratzern sehen die meisten Touristen in New York nur Downtown Manhattan, den Central Park und die 5th Avenue. Dabei verbirgt sich jenseits von Straßenschluchten, Wohnblocks und East River ein unbekanntes, authentischeres New York mit Kopfsteinpflaster und Backsteinhäusern, Künstlerlofts und angesagten Bars, weiten Sandstränden und verwunschenen Pfaden ... Entdecken Sie die unzähligen Gesichter der Stadt!

1 DUMBO

Mit seinen Backsteinhäusern und Kopfsteinpflasterstraßen war dieses ausgesprochen fotogene Viertel, das von der Manhattan Bridge überquert wird, einer der Drehorte für Sergio Leones Meisterwerk »Es war einmal in Amerika«.
Nördlich der Station York Street, Brooklyn

2 GREENPOINT

Gemütliches kleines Viertel mit großer polnischer Community, niedrigen Häuserreihen, bunten Mauern, Secondhandshops und vielen polnischen Geschäften.
Bei der Station Nassau Avenue, entlang der Manhattan Avenue, Brooklyn

3 BUSHWICK

Graffitis, Bars, Pizzerien und Künstlerlofts: Bushwick ist ein mega angesagtes Viertel.
Im Karree zwischen Flushing Avenue, Wyckoff Avenue, Cooper Street und Broadway, Brooklyn

4 WILLIAMSBURG

Tätowierte Bartträger mit Hornbrille in karierten Flanellhemden - willkommen in der Hochburg der Hipster!
Zwischen East River, McCarren Park, Bushwick Avenue und Flushing Avenue, Brooklyn

5 BROOKLYN WATERFRONT

Bietet einen besonderen Blick auf Midtown Manhattan und die Skyline von Manhattan.
Zwischen N 11th Street und N 12th Street, entlang des East River, Brooklyn

6 BROOKLYN HEIGHTS PROMENADE

Spektakulärer Blick auf die Skyline von Manhattan, den Financial District, den East River und die Brooklyn Bridge.
Von der Orange Street bis zur Joralemon Street, entlang des East River, Brooklyn

7 VINEGAR HILL

Ruhige, pittoreske Straßen mit Kopfsteinpflaster und bunten Häuserfassaden.
Vor über 100 Jahren wohnten hier vor allem Iren; daher hieß das Viertel auch Irishtown.
Im Karree zwischen East River, West Street, Front Street und Bridge Street, Brooklyn

8 BRIGHTON BEACH - LITTLE ODESSA

Brighton Beach verdankt seinen Spitznamen »Little Odessa« den vielen russischen Restaurants und Geschäften und ist heute ähnlich multikulturell und bunt wie Chinatown.
Zwischen Brighton Beach Avenue und dem Strand, Brooklyn

9 DEAD HORSE BAY

Der Strand ist übersät mit jahrzehntealtem Müll: ein Eldorado für Fans von Strandgut aller Art wie Flakons, Keramik- und Glasscherben. Wohl einer der kuriosesten und bezauberndsten Orte von New York. Man sollte ihn möglichst früh am Morgen aufsuchen, dann gibt's die besten Funde, sagen die Sammler.
Dead Horse Bay Gateway National Recreation Area, Brooklyn

10 EAST VILLAGE

Angesagtes, etwas hektisches, dennoch sehr charmantes Szeneviertel mit Graffitis, Punkläden, Backsteinhäusern mit eisernen Feuertreppen und hippen Cafés.
Im Karree zwischen 4th Avenue, E 14th Street, East River und E Houston Street, Manhattan

11 ROOSEVELT ISLAND

Ein Spaziergang über die vor Manhattan gelegene Insel, eine der unbekanntesten Gegenden der Stadt, lohnt sich. Sie ist in vier Minuten mit der Seilbahn (Tramway) über den East River erreichbar - ein malerischer Anblick.
Roosevelt Island, Manhattan

12 GOVERNORS ISLAND

Riesige Grünoase mit grandiosem Blick auf die Bucht und den Financial District.
Governors Island, Manhattan; Fähre vom Pier 6 aus, nahe Columbia Street

13 FLUSHING (MANDARIN TOWN)

Eine der größten chinesischen Communitys außerhalb Chinas; in New York gibt es alleine zwölf davon. Vor allem Neu-Immigranten aus Asien bevorzugen Flushing, weil die Immobilienpreise in der Manhattaner Chinatown kaum noch zu stemmen sind.
In der Umgebung der Station Flushing und der Main Street, Queens

14 CITY ISLAND

Weiße Segel und hübsche Holzhäuser - ein Hauch von Neuengland weht einen an. Und zu allem Überfluss werden auch noch hervorragende Meeresfrüchte serviert.
City Island, Bronx; Zug Nr. 6 bis Pelham Bay Park, dann weiter mit Citybus BX 29

15 STATEN ISLAND

Hin- und Rückfahrt mit der Fähre sind gratis - von der hektischen Geschäftigkeit des Financial District geht es zum beschaulichen Staten Island.
Staten Island, Fähre ab Battery Park, Manhattan

Harlem
East Harlem
Upper West Side
Central Park
Madison Ave
Met
Park Ave
5th Ave
Museum of Natural History
86
72
TH ST
Lincoln Square
Columbus Circle
Upper East Side
Roosevelt Island
Clinton
Rockefeller Center
MOMA
Times Square
Grand Central
U.N.
Chrysler BdG
Hell's Kitchen
Midtown
Empire State BDG
Turtle Bay
Tudor City
Macy's
FlatironBdG
Garment District
Murray Hill
Chelsea
Gramercy
Union Square
Stuyvesant Town
the High Line
Hudson St
Washington Square
East Village
Greenwich Village
NYU
Houston Street
NoHo
Nolita
Lower East Side
Little Italy
Broadway
Chinatown
Canal St
Two Bridges
Civic Center
Wall St
Financial District
Brooklyn Bridge
Battery Park
Hudson River
East River
Green Point
Williamsburg
Navy Yard
Dumbo
Vinegar Hill
Fort Clinton
Downtown Brooklyn
Greene Hill
Brooklyn Heights
Cobble Hill
Boerum Hill
Prospect
Columbia St.
Carroll Garden
Gowanus
Park Slope
Governors Island
BENOÎT CESARI
1
2
3
4
5
6
7
8
9
10
11
12
13
14
15

02 BEST OF NEW YORK

New York ist riesengroß und so reich an Sehenswertem, dass man gar nicht weiß, womit man beginnen soll. Doch ein Besuch des Big Apple wäre unvollkommen, ohne das Empire State Building erklommen zu haben, einmal über die Brooklyn Bridge gegangen zu sein oder von der Freiheitsstatue einen Blick auf Manhattan geworfen zu haben. Hier folgen 15 Must-sees, danach können Sie sich in aller Ruhe dem Rest der Stadt widmen!

1 EMPIRE STATE BUILDING ♥
Ikone der Moderne und bis 1972 das höchste Gebäude der Welt: ein Meisterwerk des Art déco, das bis zur Spitze der Antenne 443 Meter misst. Es wurde 1930 bis 1931 in außergewöhnlich kurzer Bauzeit errichtet.
350 5th Avenue, Manhattan

2 FREIHEITSSTATUE ♥
Die Fackel unerschütterlich gen Himmel gereckt, ist sie ist das Wahrzeichen New Yorks, das Freiheitssymbol Amerikas und seit 1984 Weltkulturerbe der Unesco.
Statue of Liberty, Liberty Island, Fähre ab Battery Park, Manhattan

3 FLATIRON BUILDING ♥
Ein für New York ganz typischer Wolkenkratzer, der mit seinem unverwechselbaren Profil an ein Bügeleisen erinnert.
175 5th Avenue, Manhattan

4 CHRYSLER BUILDING
Einer der beliebtesten Wolkenkratzer der New Yorker: das schnörkellos stählerne und von der berühmten Stahlspitze gekrönte Gebäude.
405 Lexington Avenue, Manhattan

5 GRAND CENTRAL TERMINAL
Einfach himmlisch: In diesem symbolträchtigen Gebäude, das 1871 eröffnet wurde, sieht man in der Deckenkuppel der großen Bahnhofshalle den Sternenhimmel in Türkis und Blattgold mit acht Sternbildern leuchten.
Grand Central Terminal, 87 E 42nd Street, Manhattan

6 TRINITY CHURCH
Neogotische Dreifaltigkeitskirche von 1846, eingekeilt zwischen den Wolkenkratzern von Wall Street, Rector Street und Broadway.
75 Broadway, Manhattan

7 BROOKLYN BRIDGE ♥
Eine der schönsten und ältesten Brücken New Yorks. Sie war bei ihrer Eröffnung 1883 die erste Stahlhängebrücke der Welt.
Brooklyn Bridge, Manhattan

8 RADIO CITY MUSIC HALL
Das Art-déco-Gebäude gehört zum Rockefeller Center und wurde 1932 eröffnet. Der große Saal fasst rund 6000 Zuschauer. Auch wer keine Konzertkarten ergattert (legendär: die Auftritte der »Rockettes«!), sollte sich das Innere nicht entgehen lassen - ob auf eigene Faust oder im Rahmen einer Führung.
1260 Avenue of the Americas, Manhattan

9 YANKEE STADIUM
Hier spielen die New York Yankees, eines der beiden berühmten New Yorker Baseballteams. Um gute Karten für die Play-offs zu ergattern, muss man Monate im Voraus buchen.
1 E 161st Street, Bronx

10 »CHARGING BULL«
Sein Name spricht Bände: Der »Stürmende Bulle« ist Symbol für die Wall Street und den Finanzmarkt. Die Bronzeskulptur stammt von dem Bildhauer Arturo Di Modica.
Auf dem Mittelstreifen des Parks Bowling Green, Broadway & Morris Street, Manhattan

11 9/11 MEMORIAL MUSEUM
Mahnmal am Ground Zero zum Gedenken an die 2996 Opfer der Terroranschläge vom 11. September 2001, das Stille und Verlust künstlerisch reflektiert. Im Vordergrund stehen die Ereignisse jenes Tages und die Erinnerung an die Menschen, die damals starben.
180 Greenwich Street, Manhattan

12 NEW YORK PUBLIC LIBRARY
Diese Bibliothek beherbergt mehr als 53 Millionen Bücher und Dokumente. Damit nichts wegkommt, bewachen zwei steinerne Löwen die Schätze der Bibliothek. Mit schönem Shop.
5th Avenue & 42nd Street, Manhattan

13 ROCKEFELLER CENTER
Das Gebäudeensemble besteht aus insgesamt 19 Hochhäusern auf einer Fläche von 89 000 Quadratmetern. Das höchste Gebäude misst 259 Meter.
Rockefeller Plaza, Manhattan

14 THE UNISPHERE
Die 42 Meter hohe Weltkugel ist das Symbol von Queens: ein zwölf Etagen hohes Stahlbauwerk, errichtet für die Weltausstellung von 1964.
11101 Corona Avenue, Flushing Meadows Park, Queens

15 WILLIAMSBURG BRIDGE
Die stählerne Hängebrücke führt über den East River und ist insbesondere bei Radlern und Joggern beliebt.
Williamsburg Bridge, Brooklyn

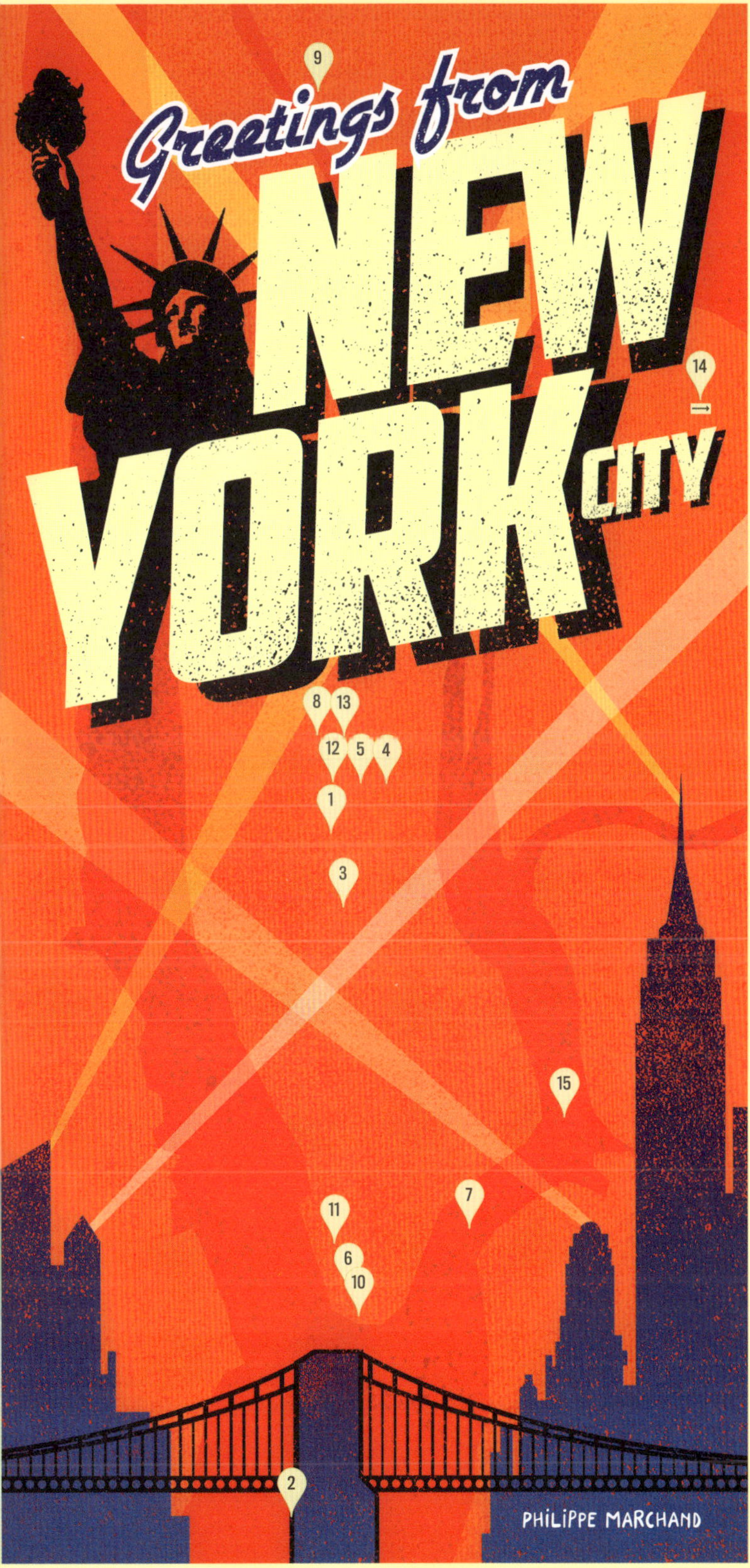
Greetings from
NEW
YORK
CITY
9
14
8
13
12
5
4
1
3
15
7
11
6
10
2
PHILIPPE MARCHAND

03 TOP 15 DER MUSEEN

Lasst Zahlen sprechen: Mit mehr als 130 Museen und 1500 Kunstgalerien ist New York eine der wichtigsten Kulturmetropolen der Welt. Ganz gleich, worum es geht, wirklich jedem Thema ist ein Museum oder eine Ausstellung gewidmet: Andy Warhol, Picasso oder Matisse, der Kunst der Moderne oder des Mittelalters, den Meisterwerken aus dem alten Ägypten oder den Wolkenkratzern – mehrere hundert Stunden Besuchsmarathon erwarten Sie in den Museen des Big Apple!

1 ELLIS ISLAND IMMIGRATION MUSEUM

Auf berührende Weise wird an jene Zeit erinnert, als sich hier die erste Anlaufstelle für die aus Europa ankommenden Immigranten befand.
Ellis Island, Jersey City,
Fähre ab Manhattan

2 NATIONAL MUSEUM OF THE AMERICAN INDIAN

In diesem ehemaligen Zollhaus werden zahlreiche Exponate aus der Sammlung G. G. Heyes zu Leben, Sprache, Literatur, Geschichte und Kunst der indianischen Ureinwohner Nordamerikas ausgestellt. Heye, Sohn deutscher Immigranten, häufte eine der größten privaten Sammlungen indigener Kunst an.
1 Bowling Green, Manhattan

3 THE NEW MUSEUM OF CONTEMPORARY ART ♥

Lower East Side: Zeitgenössische Kunst in einem von den japanischen Architekten Kazuyo Sejima und Ryue Nishizawa entworfenen Gebäude.
235 Bowery, Manhattan

4 AMERICAN FOLK ART MUSEUM

Das Museum beherbergt 5000 volkstümliche und andere Kunstschätze aus mehreren Jahrhunderten. Der Eintritt in New Yorks wichtigstem Museum für Naive Kunst ist frei.
2 Lincoln Square, Manhattan

5 MUSEUM OF MODERN ART (MOMA) ♥

Die Nummer eins der Kunstszene und ein Paradies für Kunstliebhaber: beeindruckender Fundus an Kunstwerken vom späten 19. Jahrhundert bis hin zu zeitgenössischen Strömungen.
11 W 53rd Street, Manhattan

6 LOWER EAST SIDE TENEMENT MUSEUM

Das Museum ist der Geschichte der europäischen Immigranten in New York gewidmet. Mit Führungen durchs Viertel.
103 Orchard Street, Manhattan

7 INTERNATIONAL CENTER OF PHOTOGRAPHY

Fotoschule und Museum in einem: Das Zentrum präsentiert sowohl Klassiker der Reportagefotografie als auch zeitgenössische Fotokunst. Die Kollektion mit über 135 000 Bildern ist die bedeutendste der Stadt, seit 1974 wurden mehr als 700 Ausstellungen kuratiert, u. a. von Annie Leibowitz und David Seymour.
1133 Avenue of the Americas,
Manhattan

8 THE FRICK COLLECTION

Dieses Stadtpalais beherbergt eine der schönsten und spektakulärsten Privatsammlungen der Welt, insbesondere Meisterwerke europäischer Kunst.
1 E 70th Street, Manhattan

9 THE METROPOLITAN MUSEUM OF ART ♥

Enzyklopädische Kunstsammlungen in einem der größten Museen der Welt.
1000 5th Avenue, Manhattan

10 THE CLOISTERS

Hommage an die Kunst und Architektur des Mittelalters und ein architektonisches Unikum: Kreuzgänge aus fünf südfranzösischen Klöstern wurden nach New York verschifft und mit Bauteilen anderer französischer und spanischer Kirchen zu einem einzigen Gebäude verschmolzen.
99 Margaret Corbin Drive, Manhattan

11 GUGGENHEIM MUSEUM

Museum für moderne Kunst und zugleich architektonisches Juwel nach Entwürfen von Frank Lloyd Wright, das nach 13-jähriger Verzögerung des Baubeginns 1959 seine Pforten öffnete.
1071 5th Avenue, Manhattan

12 NEUE GALERIE

Großartige Sammlung deutscher und österreichischer Kunst in einer restaurierten neoklassizistischen Stadtvilla von 1914, die einst den Vanderbilts gehört hat.
1048 5th Avenue, Manhattan

13 LOUIS ARMSTRONG HOUSE

Souvenirs, Fotos, Tonaufnahmen und Videos des berühmten Jazztrompeters, der bis zu seinem Tod 1971 fast drei Jahrzehnte hier lebte.
3456 107th Street, Corona, Queens

14 WHITNEY MUSEUM OF AMERICAN ART

Amerikanische Kunst des 20. und 21. Jahrhunderts: Edward Hopper, Jasper Johns, Georgia O'Keeffe ...
99 Gansevoort Street, Greenwich,
Manhattan

15 BROOKLYN MUSEUM OF ART

Im zweitgrößten Museum New Yorks und zugleich einem der renommiertesten Häuser des Landes können insbesondere Sammlungen ägyptischer und US-amerikanischer Kunst bewundert werden. Im angeschlossenen Elizabeth Sackler Center for Feminist Art stellen unterschiedlichste Künstlerinnen aus.
200 Eastern Parkway, Brooklyn

10
11
12
9
8
4
13
5
7
14
3
6
1
2
OLIVIER FONTVIEILLE
15

04 UMGEBEN VON KUNST

New York ist das Mekka der zeitgenössischen Kunst - das hat es immer wieder eindrucksvoll bewiesen: So soll es in der Stadt etwa so viele Galerien wie Restaurants geben. Das mag zwar etwas übertrieben sein, aber Langeweile kommt bei den Dutzenden von Top-Galerien in Chelsea, Brooklyn oder auf der Lower East Side sicher nicht auf. Die eigentliche Kunst besteht eher darin, gezielt seine Favoriten auszuwählen ...

1 JEN BEKMAN GALLERY
Talentförderung steht hier im Mittelpunkt. Im Rahmen eines spannenden Projekts, »20x200«, können Sie limitierte Kunstdrucke zu sehr guten Preisen erwerben. JBK stellt u. a. Christine Collins, Joseph Holmes, Sarah McKenzie, Laura Plageman, Mike Sinclair, Jessica Snow und Kurt Tong aus.
6 Spring Street, Manhattan

2 GAGOSIAN GALLERY
Hier sind die ganz Großen der zeitgenössischen Kunst wie Richard Serra, Chris Burden und Yayoi Kusama zu finden.
555 W 24th Street, Manhattan

3 METRO PICTURES
Die Kunstgalerie zeigt kühne Installationen. Alles fing mit Cindy Sherman, Robert Longo, Jack Goldstein und vier anderen Künstlern in einer ersten, viel beachteten Gruppenausstellung an.
519 W 24th Street, Manhattan

4 MATTHEW MARKS GALLERY
Malerei, Fotografie, Skulptur, Video, Film, Zeichnung und vieles mehr: Die Galerie zeigt das Œuvre von 25 ganz unterschiedlichen zeitgenössischen Künstlern aus Europa und den USA wie Tony Smith, Charles Ray oder Katharina Fritsch.
523 W 24th Street, Manhattan

5 DIA:CHELSEA
Die Stiftung »Dia Art Foundation« unterstützt Kunstprojekte aller Art, die sonst keine Chance auf eine Realisation haben oder gehabt hätten, z. B. das »7000-Eichen-Projekt« von Joseph Beuys. Die engagierten Stiftungsmitglieder haben außerdem ein Kunstmuseum eröffnet, das Dia:Beacon in der 3 Beekman Street in Beacon. Hier ist u. a. die umfangreiche Sammlung der Stiftung mit Werken von Richard Serra, Bernd und Hilla Becher, Robert Irwin, Gerhard Richter etc. zu sehen.
535 W 22nd Street, Manhattan

6 AGORA GALLERY
Renommierte, von mehreren Künstlern betriebene Galerie mit engagiertem Ausstellungskalender. Außerdem veranstaltet die Galerie jährlich zwei Fine-Art-Fotografie-Ausstellungen.
530 W 25th Street, Manhattan

7 DAVID ZWIRNER GALLERY
Angesagt: Ganz Manhattan stürmt seine Ausstellungen zeitgenössischer Kunst - schließlich gilt David Zwirner als einer der wichtigsten Galeristen der Welt. Der Kunstsammler und Feingeist verlegt zudem Kunstbände, Monografien, kunsthistorische Bücher und Kataloge.
525 W 19th Manhattan

8 LUHRING AUGUSTINE GALLERY
Hier finden sich genreübergreifend die großen Namen zeitgenössischer Kunst wie Martin Kippenberger, Gerhard Richter, Donald Judd und Michelangelo Pistoletto.
531 W 24th Street, Manhattan

9 SEAN KELLY GALLERY
Ein Galerist, der sich seinen Platz erobert hat, weil er unkonventionelle Installationen und Performances zeigt. Der Brite vertritt u. a. Joseph Kosuth und Julião Sarmento.
475 10th Avenue, Manhattan

10 JACK SHAINMAN GALLERY
Sehr groß, sehr hell, sehr schön: Hier kann man sich nach Herzenslust umschauen und zeitgenössische Künstler wie Kerry James Marshall, Odili Donald Odita und Nick Cave bewundern.
513 W 20th Street, Manhattan

11 LEHMANN MAUPIN GALLERY
Die beiden bekannten Galeristen engagieren sich für vielversprechende junge Künstler, widmen sich der Neubetrachtung der Werke längst etablierter Künstler wie Gilbert & George und realisieren erste Einzelausstellunen für Künstler in New York wie Jörg Sasse, Marie José Burki oder Jeffrey Vallance.
536 W 26th Street, Manhattan

12 CONTEMPORARY AFRICAN ART GALLERY
Eine Fundgrube zeitgenössischer afrikanischer Kunst: Ca. 30 Künstler und unterschiedlichste Techniken sind hier zu sehen. Werke u. a. von Mor Faye, Iba Ndiaye und John Takawira.
330 W 108 Riverside Drive, Manhattan

13 SCARAMOUCHE
Junge Galerie, die sich bevorzugt der Performance und konzeptionellen Kunst widmet.
52 Orchard Street, Manhattan

14 CHEIM & READ
Auf der mehr als 500 Quadratmeter großen Ausstellungsfläche finden sich große Namen zeitgenössischer Kunst wie Diane Arbus, Louise Bourgeois, Jenny Holzer, Milton Resnick etc.
547 W 25th Street, Manhattan

15 ON STELLAR RAYS
Objekte, Installationen, Videos und mehr von Nachwuchskünstlern: vielfältig, wagemutig, mit neuen Perspektiven.
1 Rivington Street, Bowery, Manhattan

12
9
14
6
2
8
4
3
5
11
10
7
15
1
13
PHILIPPE HALABURDA

05 AB IN DEN UNTERGRUND

New York entdecken, ohne mit der Subway zu fahren - das ist unmöglich! Die U-Bahn des Big Apple ist mit über 1355 Kilometern Gleisen eine der längsten der Welt. Mehr als 6200 Personenwaggons rollen unablässig durch Schächte und Tunnel, über Brücken und Kanäle, 24 Stunden lang, bei Tag und bei Nacht. Die Subway ist und bleibt das New Yorker Fortbewegungsmittel schlechthin, um von A nach B zu gelangen!

1 RECORD MART IN DER TIMES SQUARE STATION €€

Der Vintage-Plattenladen versteckt sich in einer Nische in den Gängen des U-Bahnschachts.
7 Times Square, Manhattan

2 NEW YORK TRANSIT MUSEUM 👁

Das Museum widmet sich der Geschichte der New Yorker Subway. Wo es liegt? Natürlich in einer (heute ungenutzten) U-Bahn-Station: Die Court Street Station bildet den passenden Rahmen.
Boerum Place & Schermehorn Street, Brooklyn

3 LUFTSCHACHT AUS DEM FILM »DAS VERFLIXTE SIEBTE JAHR« 👁

Hier entstand die berühmte Szene aus Billy Wilders Film »Das verflixte siebte Jahr«: Als Marilyn Monroe mit ihrem Begleiter das Kino (heute ein Hochhaus) verlässt, fährt unter ihnen die U-Bahn vorbei und der Luftzug aus dem Schacht bauscht Marilyns flatterndes weißes Kleid in die Höhe. Das Foto dieser Szene wurde über den Film hinaus zur Ikone der Pop-Kultur.
Lexington Avenue & E 52nd Street

4 ASTOR PLACE STATION 👁

Es finden sich noch Reste der Originaldekoration in dieser Station, etwa der Biber, der als Sinnbild für das Vermögen der Familie Astor galt, die durch den Handel mit Biberfellen reich geworden war.
E 8th Street & Lafayette Street

5 58 JORALEMON STREET 👁

Kurios: Hinter der Scheinfassade dieses Gebäudes im Greek-Revival-Stil verbirgt sich seit 1908 ein Belüftungsschacht der Subway, dessen Eingangstür zugleich der Notausgang ist.
58 Joralemon Street, Brooklyn

6 CITY HALL HIDDEN STATION 👁 ♥

Diese aufgegebene Subway-Station ist ein architektonisches Wunderwerk aus dem Jahr 1904 mit Ziegelbögen, Buntglasfenstern und Messinglampen. Wie Sie dorthin kommen? Ganz einfach: Bleiben Sie an der Endstation der Linie 6 Brooklyn Bridge/City Hall einfach in der U-Bahn sitzen. Denn bevor der Zug wendet und umkehrt, fährt er durch die schöne alte Station.

7 GRAND CENTRAL MARKET €€€

Unterirdischer Markt in einem kleinen Gang, der Lexington mit der Bahnhofshalle des Grand Central Terminal verbindet.
Grand Central Terminal,
89 E 42nd Street, Manhattan

8 WHISPERING GALLERY 👁 ♥

Ein Bogengang der besonderen Art ist die Flüstergalerie. Stellen Sie sich mit ihrer Begleitung an diagonal gegenüberliegenden Wänden auf und flüstern Sie etwas. Ihr Gegenüber versteht Sie ganz genau. Am beliebtesten sind hier übrigens Heiratsanträge!
Grand Central Terminal,
89 E 42nd Street, Manhattan

9 SMITH-9TH STREETS STATION

Mit einer Plattform von knapp 30 Metern Höhe ist Smith-9th Sts Station die höchste oberirdische Subway-Station der Welt.
9th Street, Brooklyn

10 GRAND CENTRAL TERMINAL 👁 ♥

Die Decke des Bahnhofs wurde zwar restauriert, doch wenn Sie genau hinsehen und der Linie folgen, die durch das Sternbild des Krebses verläuft, können Sie ein kleines Rechteck erkennen, das ausgelassen wurde. Diese kleine schwarze Stelle wurde analysiert - und man stellte fest, dass sie vom Nikotin so verfärbt ist.
Grand Central Terminal,
87 E 42nd Street, Manhattan

11 WORTH STREET STATION

Die Station Worth Street, Linie 6, ist seit 1962 für die Öffentlichkeit gesperrt. Aber wenn Sie zwischen Canal Street und Brooklyn Bridge/City Hall aus dem Fenster schauen, können Sie sie im Halbdunkel erahnen.

12 EAST 180TH STREET STATION 👁

Eine der schönsten Stationen New Yorks liegt in der Bronx: Das Bahnhofsgebäude wurde italienischen Villen nachempfunden.
East 180th Street & Morris Park Avenue, Bronx

13 231ST STREET STATION 👁

Bestaunen Sie das ungewöhnliche vierteilige Glaskunstwerk »Magic Realism in Kingsbridge« (2008) von Felipe Galindo.
W 231st Street & Broadway, Bronx

14 135TH STREET 👁

Einfach schön: beeindruckendes Glasmosaik von Willie Birch: »Harlem Timeline« (1995).
W 135th Street & Malcolm X Boulevard, Harlem

15 FLUSHING - MAIN STREET STATION 👁

Ik-Joong Kangs Wandinstallation »Happy World« (1999) besteht aus Hunderten von handbemalten Keramikfliesen.
Main Street & 41st Avenue, Flushing, Queens

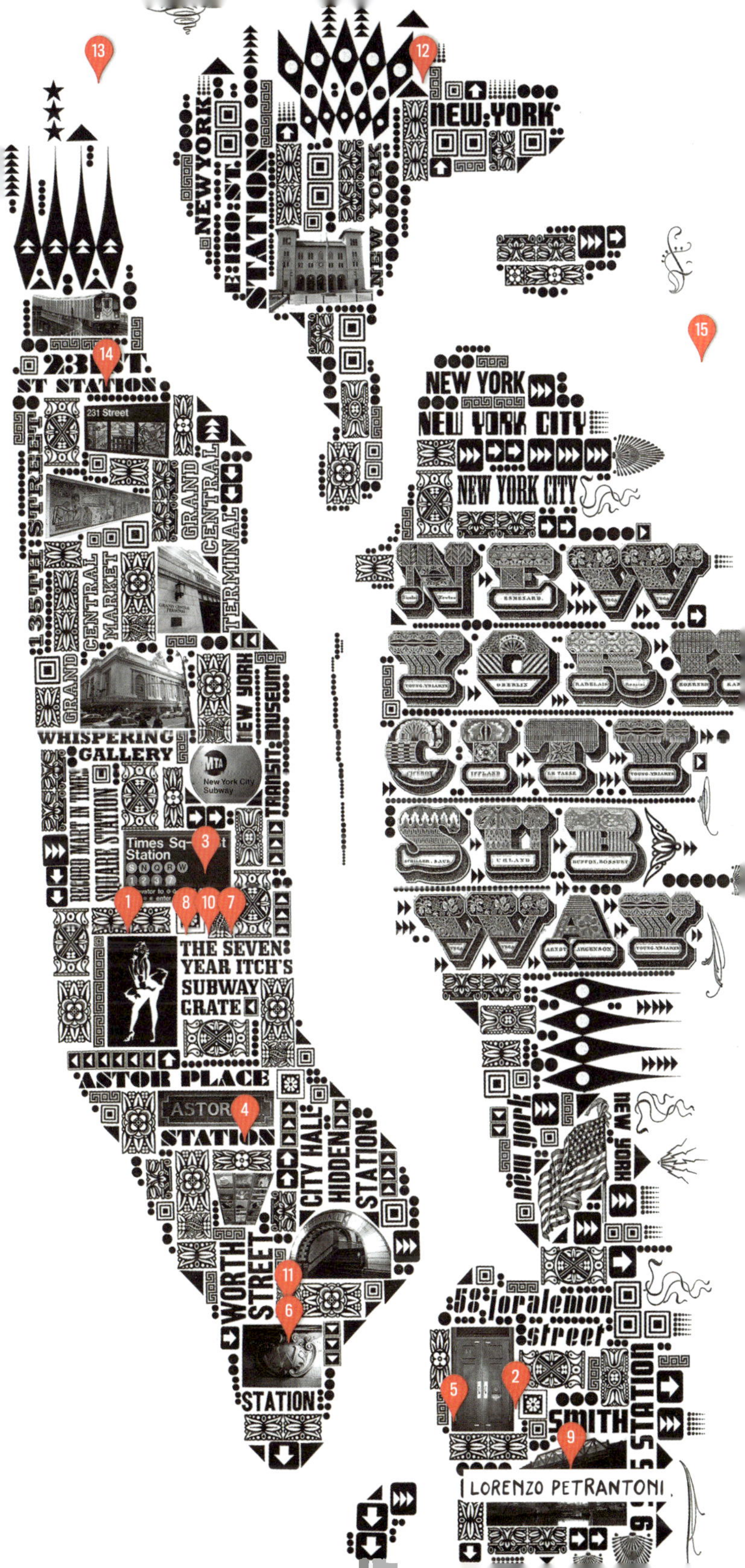

231 ST.
ST STATION
231 Street
135TH STREET
GRAND CENTRAL TERMINAL
GRAND CENTRAL MARKET
GRAND
WHISPERING GALLERY
NEW YORK TRANSIT MUSEUM
MTA
New York City Subway
RECORD MART IN TIMES SQUARE STATION
Times Square Station
THE SEVEN YEAR ITCH'S SUBWAY GRATE
ASTOR PLACE
ASTOR
STATION
CITY HALL HIDDEN STATION
WORTH STREET STATION
NEW YORK
NEW YORK
NEW YORK CITY
NEW YORK CITY
NEW YORK CITY SUBWAY
new york
NEW YORK
58 joralemon street
SMITH 9 ST STATION
LORENZO PETRANTONI
1
2
3
4
5
6
7
8
9
10
11
12
13
14
15

06 MEILENSTEINE DER ARCHITEKTUR

Als Synonym für amerikanische Megalomanie ist New York seit mehr als zwei Jahrhunderten Versuchslabor und bevorzugte Spielwiese für Architekten aus aller Welt. Backsteinmauern grenzen an Rauchglasfassaden, viktorianische Häuser ducken sich neben den größten Wolkenkratzern der Welt oder grenzen an aufgelassene Industrieareale. Kurz: Die Stadt ohne Limits präsentiert ein unglaublich breites architektonisches Spektrum.

1 MORRIS-JUMEL MANSION
Wunderschönes Haus im palladianischen Stil aus dem Jahr 1765, das George Washington 1776 während des Unabhängigkeitskrieges für einen Monat als Hauptquartier diente.
65 Jumel Terrace, Manhattan

2 ROCKEFELLER CENTER
Meilenstein in der Geschichte moderner urbaner Architektur: ein riesiger Gebäudekomplex im Stil des Art déco, der aus 19 Hochhäusern besteht und sich über drei Straßenblocks erstreckt.
45 Rockefeller Plaza, Manhattan

3 CASTLE CLINTON
Manhattans einzige noch erhaltene Festung. Von ihren Kanonen wurde niemals gefeuert - es bot sich keine Gelegenheit dazu.
Battery Park, Manhattan

4 CUNARD BUILDING ♥
Architekt Benjamin Morris erbaute das 22-stöckige Hochhaus im Stil der Neorenaissance. Das heutige Postgebäude verfügt über eine der schönsten Eingangshallen der Stadt mit Ornamenten und Verzierungen, wie man sie von Ozeandampfern kennt. Kein Wunder, das Gebäude war einst der Firmensitz der Cunard Line.
25 Broadway, Manhattan

5 EQUITABLE BUILDING
Seine 40 Etagen waren es, die ein Jahr nach ihrer Fertigstellung im Jahr 1916 eine neue Bauvorschrift, das »Zoning Law«, nach sich zogen: Ab diesem Zeitpunkt hatten Hochhäuser sich nach oben zu verjüngen (sog. Rückstufungen), damit ungehindert Licht in die umgebenden Straßenzüge einfallen konnte.
120 Broadway, Manhattan

6 KING OF GREENE STREET ♥
SoHo ist für seine gusseisernen Gebäude berühmt. Eines der ausgefallensten Bauwerke ist das von I. F. Duckworth 1872 konstruierte King of Greene Street, ein typisches altes Kontorhaus des Viertels.
72 Greene Street, Manhattan

7 PATCHIN PLACE
In dieser von zehn Backsteinhäusern gesäumten hübschen Sackgasse in Greenwich Village haben etliche berühmte Literaten gewohnt, unter ihnen E. E. Cummings, Randolph Bourne, John Silas Reed und Djuna Barnes.
Patchin Place, Zugang von der 10th Street aus, zwischen Greenwich Avenue & 6th Avenue, Manhattan

8 GRAND CENTRAL TERMINAL
Die glanzvolle und imposante Bahnhofshalle ist durch Cary Grant in »Der unsichtbare Dritte« unsterblich geworden. Schauen Sie unbedingt nach oben, wenn Sie der Halle einen Besuch abstatten oder von hier abreisen sollten: Die dunkelblaue Deckenausmalung, die einen Sternenhimmel zeigt, ist ausgesprochen schön.
89 E 42nd Street, Manhattan

9 HEARST TOWER
Der 182 Meter hohe gläserne Turm gilt als der umweltfreundlichste Büroturm New Yorks. Skurril: Architekt Norman Foster ließ das 46-stöckige Hochhaus auf ein bereits vorhandenes Gebäude aus dem Jahr 1928 aufsetzen.
300 W 57th Street, Manhattan

10 BAYARD-CONDICT BUILDING
Das denkmalgeschützte Gebäude mit der schönen Terracottafassade war eines der ersten Hochäuser der Stadt mit Stahlgerüst. Sein Konstrukteur Louis Sullivan, ein Meister der Chicagoer Schule, gilt als einer der Väter der New Yorker Wolkenkratzer.
65 Bleecker Street, Manhattan

11 MERCHANT'S HOUSE MUSEUM
Ein Haus aus dem Jahr 1832: Sowohl das Interieur als auch die Fassaden wurden im Originalzustand belassen. Heute Museum.
29 E 4th, Manhattan

12 ONE WORLD TRADE CENTER
Der 2014 fertiggestellte Glasturm ist mit 546 Metern der höchste Wolkenkratzer der nördlichen Hemisphäre - gebaut auf Ground Zero, wo die Twin Towers standen.
1 World Trade Center, Manhattan

13 WOOLWORTH BUILDING ♥
1913 eingeweiht, ist es einer der ältesten und schönsten Wolkenkratzer New Yorks.
233 Broadway, Manhattan

14 CUSHMAN ROW
Die Häuser im Greek-Revival-Stil aus den 1840er-Jahren, gebaut von dem betuchten Geschäftsmann Alonzo Cushman, bilden eine der schönsten Fassadenreihen der Stadt. Gusseiserne Lorbeerkränze und Ananas zieren Außentreppen und Fenster.
406–418 W 20th Street, Chelsea, Manhattan

15 NEW YORK STOCK EXCHANGE
New Yorks Börse, Herz der Weltwirtschaft, residiert in einem neoklassizistischen Gebäude von 1903.
11 Wall Street, Manhattan

1
9
2
8
14
7
11
10
6
13
12
5
15
4
3
GREYGOUAR

07 ZWISCHEN DEN ZEILEN

Lesen Sie gerne? Dann machen Sie einen Streifzug durch die Buchhandlungen, Büchereien und Bibliotheken New Yorks, lassen sich in ihrem angenehmen Ambiente in einen der bequemen Ledersessel sinken, eingedeckt mit Lektüre aus dem großen Sortiment der Bookshops und Librarys. Sicherlich bekommen Sie dort auch noch ein paar Tipps für das literarische Abendprogramm: für die Lesung um die Ecke oder ein Poesie-Event. Oder stoßen auf vergriffen geglaubte Erstausgaben von Rita Mae Brown, Toni Morrison, Siri Hustvedt ...

1 ST. MARK'S BOOKSHOP €€

Diese Buchhandlung ist insbesondere bei Schülern, Studenten und Künstlern beliebt. Sie führt eine Auswahl subversiver Lektüre - außerdem Kulturtheorien, Handschriften, Lyrik und Filmliteratur.
136 E 3rd Street, Manhattan

2 ST. MARK'S COMICS €€

Das »New York Magazine« bezeichnete den Laden treffend als »Heiligen Gral des klassischen Comics«. Ganz egal, woher sie kommen, ob aus Europa oder Japan, Comic-Aficionados statten St. Mark's einen Besuch ab. Hier gibt es fast nichts, was es nicht gibt: Neben Neuerscheinungen viele Raritäten, Vintage-Comic-T-Shirts, Graphic Novels, Art-House-Comics und Mangas.
11 Saint Mark's Place, Manhattan

3 WESTSIDER RARE & USED BOOKS €€

Kleiner sympathischer Buchladen, vollgestopft mit Büchern und Schallplatten - vom Boden bis zur Decke. Zwischen den Regalen kann man sich kaum drehen.
2246 Broadway, Manhattan

4 BARNES AND NOBLE €€ ♥

Berühmte und größte amerikanische Buchhandelskette.
555 5th Avenue, Manhattan

5 ALBERTINE €€

Wie diese französische Buchhandlung möchte man seine Hausbibliothek einrichten: mit bequemen Sesseln und Holztäfelung. Hier findet man das größte Angebot französischer Literatur in den USA (in Französisch und Englisch).
972 5th Avenue, Manhattan

6 STRAND BOOK STORE €

Der wohl umwerfendste Secondhand-Buchladen der Welt und zugleich die größte Buchhandlung New Yorks: 30 Kilometer Regale auf einer Fläche von ca. 5100 Quadratmetern. Wer sie bezahlen kann, findet hier beispielsweise eine Erstausgabe von »Onkel Toms Hütte«.
828 Broadway, Manhattan

7 NATIONAL ARTS CLUB €€€

Privater Kulturverein, der in einem Sandsteinhaus aus den 1850er-Jahren residiert und die verschiedensten Literaturveranstaltungen organisiert.
15 Gramercy Park S, Manhattan

8 BOOKS OF WONDER €€

New Yorks größte Kinderbuchhandlung. Ein ganzer Raum ist L. Frank Baums »Zauberer von Oz« und verwandten Geistern gewidmet, die Galerie zeigt Zeichnungen von Kinder- und Jugendbuchillustratoren.
18 W 18th Street, Manhattan

9 SISTER'S UPTOWN BOOKSTORE

Diese Buchhandlung mit dazugehörigem Kulturzentrum ist eine Institution in Harlem. Ihr Schwerpunkt liegt auf afroamerikanischer Kultur und Literatur.
1942 Amsterdam Avenue, Manhattan

10 MCNALLY JACKSON €€

Tolle unabhängige Buchhandlung, die zahlreiche Lesungen anbietet. Im Café kann man gleich zwei Leidenschaften ausleben: essen und lesen!
52 Prince Street, Manhattan

11 NEW YORK SOCIETY LIBRARY

Die älteste Bibliothek der Stadt aus dem Jahr 1754 ist frei zugänglich.
53 E 79th Street, Manhattan

12 THE MORGAN LIBRARY & MUSEUM

Ihr erster Direktor behauptete, in dieser Bibliothek befänden sich sämtliche Arten von Büchern außer Gesetzestafeln ... Hervorragende Sammlung von Manuskripten, Papyri, frühen Drucken, Inkunabeln und illustrierten Büchern. Das Museum besitzt ebenfalls eine außergewöhnliche Sammlung: Zeichnungen von Michelangelo, Rembrandt und Picasso, Gutenberg-Bibeln, Manuskripte von Dickens, Poe, Twain, Steinbeck und Wilde, Partituren von Beethoven und Mozart.
225 Madison Avenue, Manhattan

13 KITCHEN ART & LETTERS €€€

Buchhandlung, die auf Kochbücher aus der ganzen Welt spezialisiert ist.
1433 Lexington Avenue, Manhattan

14 THE POWERHOUSE ARENA €€

Riesiges Loft, das in eine Buchhandlung mit Kunstgalerie umgewandelt wurde.
37 Main Street, Brooklyn

15 NEW YORK PUBLIC LIBRARY ♥ 👁

Bibliothek in einem der schönsten Gebäude des amerikanischen Beaux-Arts-Stils und gleichzeitig eine der großartigsten Bibliotheken der Welt.
5th Avenue & 42nd Street, Manhattan

puddle. She grew to be a most rare and wonderful production of a tenement district, a pretty girl. None of the dirt of Rum Alley seemed to be in her veins. The philosophers up-stairs, down-stairs and on the same floor, puzzled over it. When a child, playing and fighting with gamins in the street, dirt disguised her. Attired in tatters and grime, she went unseen. There came a time, however, when the young men of the vicinity said: "Dat Johnson goil is a puty good looker." About this period her brother remarked to her: "Mag, I'll tell yeh dis! See? Yeh've edder got teh go teh hell or go teh work!" Whereupon she went to work, having the feminine aversion of going to hell. By a chance, she got a position in an establishment where they made collars and cuffs. She received a stool and a machine in a room where sat twenty girls of various shades of yellow discontent. She perched on the stool and treadled at her machine all day, turning out collars, the name of whose brand could be noted for its irrelevancy to anything in connection with collars. At night she returned home to her mother. Jimmie grew large enough to take the vague position of head of the family. As incumbent of that office, he stumbled upstairs late at night, as his father had done before him. He reeled about the room, swearing at his relations, or went to sleep on the floor. The mother had gradually arisen to that degree of fame that she could bandy words with her acquaintances among the police-justices. Court officials called her by her first name. When she appeared they pursued a course which had been theirs for months. They invariably grinned and cried out: "Hello, Mary, you here again?" Her grey head wagged in

ÉLISE GODMUSE

08 DAS GLÜCK LIEGT AUF DER WIESE

Der Central Park ist die grüne Oase der Stadt, ein Rechteck wie herausgestanzt aus der grauen Betonwüste, 341 Hektar Ruhe. Die New Yorker lieben es, sich hier aufzuhalten und zu relaxen oder eine Partie Schach im Schatten der Upper East Side zu spielen, an den Seen entlangzujoggen oder -zuradeln, sich auf der Liegewiese Sheep Meadow zu sonnen oder durch die Strawberry Fields zu spazieren und John Lennon zu Ehren »Imagine« zu trällern ...

1 BRONZESTATUE VON »ALICE IM WUNDERLAND« ♥

Besonders Kinder lieben die Bronzestatue von »Alice im Wunderland« – und sie dürfen sogar auf ihr herumklettern. Neben Alice sind weitere Figuren aus dem berühmten Roman von Lewis Carroll zu sehen, etwa der weiße Hase oder der Hutmacher.
E 74th Street

2 CONSERVATORY WATER

Am Ufer des Sees kann man picknicken und sein ferngesteuertes Segelbötchen auslaufen lassen. Schiff ahoi!
E 74th Street und 5th Avenue

3 WOLLMAN RINK

Dieser Spiel- und Freizeitpark verwandelt sich im Winter in eine riesige Schlittschuhbahn. Die riesige Eisfläche diente schon in zahlreichen Kinosteifen als Filmkulisse, etwa in »Kevin – Allein in New York« oder »Das Wunder von Manhattan«.
830 5th Avenue

4 BETHESDA TERRACE & FOUNTAIN ♥

Ein Hauch von Frische umweht den mythischen Springbrunnen mit seinem Engel »of the Waters« (über den Gewässern), der von vier Cherubimen getragen wird. Die 1873 eingeweihte Plastik war das Werk von Emma Stebbins – die Auftragsvergabe an eine Frau sorgte damals für eine Sensation!
Terrace Drive

5 JACQUELINE KENNEDY ONASSIS RESERVOIR

Wow-Effekt garantiert: In dieser größten Wasserfläche des Parks spiegelt sich die Skyline von Manhattan. Als Treffpunkt bei Joggern sehr beliebt.
Zwischen 86th Street und 96th Street

6 CHESS & CHECKERS HOUSE

Ein idealer Treffpunkt, um Schach, Dame, Backgammon oder Domino zu spielen.
Center Drive

7 CAROUSEL

Kinder können hier auf einem der 57 Holzpferdchen des altehrwürdigen Karussells ihre Runden drehen.
65th Street Transverse

8 THE LOEB BOA THOUSE €€€

Hier können Sie nicht nur gediegen einkehren, sondern auch Fahrräder, Ruderboote oder gar venezianische Gondeln nebst Gondolieri ausleihen!
E 72nd St & 5th Avenue

9 RUMSEY PLAYFIELD

Standort des Festivals »Central Park SummerStage«: Konzerte, Lesungen, Opern und viele weitere Events. Viele der Veranstaltungen sind kostenlos. Hier gilt: Wer zuerst kommt, erwischt den besten Platz.
E 71st Street & 5th Avenue

10 THE RAMBLE

Das baumbestandene Labyrinth ist ein Paradies (nicht nur) für Vogelkundler.
14 E 60th Street

11 SWEDISH COTTAGE MARIONETTE THEATRE

Marionettentheater in einem Holzhaus: schöne Märcheninszenierungen für Große und Kleine.
W 79th Street

12 SHAKESPEARE GARDEN

Erkunden Sie den Park mit Pflanzen und Bäumen, die im Werk Shakespeares vorkommen! Dem berühmten englischen Dichter ist übrigens nicht nur ein Park, sondern auch ein Festival gewidmet: das »Shakespeare in the Park«, das jeden Sommer im Delacore Theater im Central Park stattfindet.
79th Street Transverse

13 STRAWBERRY FIELDS ♥

»Imagine«, Yoko Onos kreisrundes Mosaik aus schwarzen und weißen Steinchen auf dem Boden, und ein »Friedensgarten« erinnern an John Lennon, der auf der gegenüberliegenden Straßenseite vor seinem Wohnhaus, dem Dakota Building, erschossen wurde. Seine Fans legen hier immer noch Blumen zum Gedenken an den Ex-Beatle ab.
Central Park W & 72nd Street

14 SAFARI PLAYGROUND

Der witzige Spielplatz verzaubert die Kids mit den lebensgroßen Flusspferdskulpturen des Künstlers Bob Cassily. Das macht Laune!
W 91st Street

15 SHEEP MEADOW

Ein Frisbeespiel, ein improvisiertes Picknick oder ein ausgiebiges Sonnenbad mit Blick auf die Hochhäuser der Lower West Side – auf der riesigen »Schafweide« ist alles möglich. Angeblich versammeln sich hier an schönen Sommertagen bis zu 30 000 Sonnenhungrige.
65th Street Transverse

5
14
12
11
1
10
8
2
4
9
13
15
7
6
3
AURÉLIE LEQUEUX

09 LICHTUNGEN IM ASPHALTDSCHUNGEL

In New York hat man mitunter den Eindruck, der Himmel verschwände hinter den Wolkenkratzern und alles sei so grau. Doch mit etwas Glück findet man Oasen in der Betonwüste, in denen man so richtig durchatmen und ordentlich Sauerstoff tanken kann. Von Sheep Meadow, der Wiese im Central Park, bis zu den unentdeckten Parks in den Outer Boroughs: Sobald man in das satte Grün der Pflanzen und Rasenflächen eintaucht, verblasst die Stadt zu einer bloßen Erinnerung.

❶ GREENACRE PARK ♥
Einer der charmantesten kleinen New Yorker Pocket-Parks, was sich im Deutschen sinngemäß mit »Westentaschen-Park« übersetzen lässt. Beliebt vor allem wegen seines Wasserfalls und der vielen Sitzgelegenheiten. In der Nähe vom UN-Hauptquartier gelegen.
217 E 51st Street, Manhattan

❷ CONCRETE PLANT PARK
Park am Ufer des renaturierten Bronx River auf dem Areal einer ehemaligen Zementfabrik, dessen Zentrum einige restaurierte Industriemonumente bilden.
Bruckner Boulevard, Bronx

❸ WEST SIDE COMMUNITY GARDEN
Mit Urban Gardening kann jeder zum Gärtner werden: In den Community Gardens können Anwohner selbst Blumenbeete anlegen und Gemüse anbauen.
142 W 89th Street, Manhattan

❹ PETER DETMOLD PARK
Von dem etwas versteckt gelegenen Park hat man einen herrlichen Blick auf den East River.
454 E 51st Street, Manhattan

❺ MSGR. MCGOLRICK PARK
Traumhafter Ort, um sich von der Hektik Brooklyns zu erholen. Noch dazu gibt es hier jeden Sonntag einen Bauernmarkt! Übrigens: »Msgr.« steht für »Monsignor«.
Nassau Avenue & Russell Street, Brooklyn

❻ KISSENA PARK
Der großzügige Park gewährt Einblicke in die friedliche und familiäre Atmosphäre von Queens. Mit sehr schönem See und vielen Spazierwegen.
164th Street & Oak Avenue, Flushing, Queens

❼ STATEN ISLAND'S GREENBELT
Das riesige Gelände – es ist dreimal so groß wie der Central Park – ist ein Paradies für Naturliebhaber mit Panoramablick auf New York. Hier wurden übrigens auch einige Szenen aus »Der Pate« gedreht.
700 Rockland Avenue, Staten Island, Bahnhof Grant City

❽ FORT TRYON PARK
Sehr hübscher Park mit Blick auf den Hudson. Wem zu viel Grün langsam auf die Nerven geht, kann dem hier idyllisch auf einem Hügel gelegenen Museum The Cloisters einen Besuch abstatten. Es ist eine Zweigstelle des Metropolitan Museum of Art und beherbergt einen Teil der Sammlung mittelalterlicher Kunstwerke des MET.
1 Margaret Corbin Drive, Manhattan

❾ TUDOR CITY GREENS
Der für jedermann zugängliche Privatpark liegt etwas über Straßenniveau. Seine wunderschönen, schattigen und ruhigen Terrassen sind von Wolkenkratzern eingerahmt.
1 Tudor City Place, Manhattan

❿ WAVE HILL GARDENS
Auf einem Hügel in der Bronx gelegen, überragen die friedlichen Gartenanlagen von Wave Hill den Hudson.
W 249th Street, Bronx, Bahnhof Riverdale

⓫ 6TH & B GARDEN
Kleiner Park im Herzen des East Village und Treffpunkt der Anwohner aus dem Viertel, die ihn für vielfältige Veranstaltungen nutzen.
Avenue B at 6th Street, Manhattan

⓬ DIE GÄRTEN VON SAINT LUKE IN THE FIELDS
Ein entzückender Garten Eden hinter den Kirchenmauern, durch den schmale Wege führen.
487 Hudson Street, Manhattan

⓭ PROSPECT PARK ♥
260 Hektar großer Park, der zwar von demselben Landschaftsarchitekten entworfen wurde wie der Central Park, aber naturbelassener wirkt.
450 Flatbush Avenue, Brooklyn

⓮ BROOKLYN BOTANIC GARDEN
Hier wurden unterschiedlichste Gartentypen angelegt: Duftgarten, Japanischer Garten, Kräutergarten etc. Mehr als 10 000 Pflanzen wachsen auf dem 21 Hektar großen Gelände. Wichtig für einen Besuch: Die Hauptblütezeit ist von März bis Juni.
990 Washington Avenue, Brooklyn

⓯ CENTRAL PARK ♥
20 Jahre (von der Planung bis zum Abschluss der Arbeiten) und 20 000 Arbeiter waren nötig, um den 350 Hektar großen Park anzulegen, der ab 1858 Stück für Stück der Öffentlichkeit zugänglich gemacht wurde. Im Jahr 1873 schließlich konnte der Park offiziell eingeweiht werden.
Von der 59th bis zur 110th Street und von der 5th Avenue bis zur 8th Avenue

8
10
2
3
6
15
1
4
9
5
12
11
13
14
SOPHIE LEDESMA

10 HUND, KATZE & CO.

Die New Yorker lieben Haustiere: Allein die Zahl der Katzen und Hunde wird auf 1,1 Millionen geschätzt, von den zahllosen Meerschweinchen, Kanarienvögeln und Schildkröten einmal ganz zu schweigen. Die Zahl der wilden Tiere steht dem allerdings in nichts nach, denn jeder Stadtbezirk verfügt über seinen eigenen Zoo. Und über das eine oder andere sehr interessante Lädchen für die lieben Vierbeiner ...

1 CENTRAL PARK ZOO 👁
Kommt Ihnen der Zoo bekannt vor? Kein Wunder, hier spielte der Erfolgsfilm »Madagaskar«. Seien Sie bei der Robbenfütterung dabei, bestaunen Sie Pinguine und Eisbären oder beobachten Sie Reptilien im Tropenhaus.
64th Street und 5th Avenue, Manhattan

2 BRONX ZOO 👁 ♥
Einer der größten urbanen zoologischen Gärten der Welt mit naturnahen Lebensräumen, in dem auch seltene oder bedrohte Tierarten zu Hause sind. Mit der Monorail geht es auf den Tiger Mountain, in den Congo Gorilla Forest, in den Dschungel oder in die Welt der Dunkelheit. Besonders spannend im Sommer (Juni): Dann gibt's den meisten Nachwuchs.
2300 Southern Boulevard, Bronx

3 NEW YORK AQUARIUM 👁 ♥
Willkommen im ältesten Aquarium der USA, das zu Ehren von Hai, Meeresschildkröte, Robbe und Co. errichtet wurde.
602 Surf Avenue, Coney Island, Brooklyn

4 PROSPECT PARK ZOO 👁
Seelöwen, Otter, Paviane und Kängurus, zahlreiche Vogelarten, Hunderte Amphibien und Reptilien, außerdem ein Discovery Center, ein Bauernhof mit Streichelzoo, eine Nachttierabteilung – hier kann man den ganzen Tag zubringen!
450 Flatbush Avenue, Brooklyn

5 QUEENS ZOO 👁
Im Zoo von Queens leben 75 Tierarten, die auf dem amerikanischen Kontinent beheimatet sind, darunter so faszinierende Exemplare wie Brillenbären, südamerikanische Zwerghirsche, Kanadakraniche oder Dickschnabellummen.
53-51 111th Street, Corona, Queens

6 THE BARKING ZOO €€€
Skurriles Geschäft, in dem sich auch endlich das kalt gepresste Bio-Trockenfutter findet, nach dem man schon Ewigkeiten gesucht hat. Katzen- und Hundefuttershop mit ganzheitlicher biologischer Kost, außerdem eine Auswahl an Decken und Pullovern für Hunde.
172 9th Avenue, Manhattan

7 CANINE STYLES €€€€
Lifestyle für Hunde: Hier findet man schon seit fast 60 Jahren sämtliche Accessoires für den treuen Vierbeiner, von Spielzeug über modische Kleidung und Leinen bis zu Tragegurten und Bettchen.
830 Lexington Avenue, Manhattan

8 MUDDY PAWS €€
Der richtige Laden für diejenigen, die ihren Hund gesund ernähren und pflegen möchten, ohne sich dabei finanziell zu ruinieren. Außerdem: eine Self-Service-Hunde-Waschanlage, die mit dem schönen Spruch »Buy 5 washes, get one free!« beworben wird.
447 Graham Avenue, Brooklyn

9 KIKI'S PET SPA & BOUTIQUE €€
Wellness für Hunde: Fellpflege, Tagesbetreuung, medizinische Versorgung, Verhaltenstrainings und noch vieles mehr. Und wer nicht weiß, wohin damit, kann seinen Schatz hier auch für einen Tag oder länger ›parken‹.
60 Broadway, Brooklyn

10 PS9 PET SUPPLIES €€
Jede Menge Spielzeug und Accessoires für Hunde und Katzen.
169 N 9th Street, Brooklyn

11 NEW YORK DOG SPA AND HOTEL €€€
Schönheitspflege, Relaxen und Tagesbetreuung für Hunde ab einem Alter von fünf Monaten. Ja, auch Ihr Liebling muss sich mal ausruhen!
32 W 25th Street, Manhattan

12 LOVE THY PET €€ ♥
Freundlicher Empfang, sehr gute und brauchbare Tipps und eine Riesenauswahl an Produkten, um Hund, Katze und Kanarienvogel zu verwöhnen.
164 Union Street, Brooklyn

13 BALTO STATUE 👁
Statue des Bildhauers Frederick Roth im Central Park zu Ehren jenes Schlittenhundes, der 1925 die Tundra durchquerte, um den an Diphtherie erkrankten Kindern in dem kleinen Ort Nome in Alaska das rettende Serum zu bringen.
East Drive at 67th Street, Manhattan

14 CLEMENTINE BAKERY €
Vegane Konditorei mit Biokeksen auch für Hunde!
299 Greene Avenue, Brooklyn

15 SPRINKLES €€
Auch Herrchen und Frauchen müssen sich mal ausruhen! Hier gibt es wunderbar leckere Cupcakes, Cookies, Muffins und mehr. Und wenn der Hund brav war, vielleicht fällt für ihn ja auch etwas ab.
780 Lexington Avenue, Manhattan

2
5
13
7
1
15
11
6
8
10
9
14
12
4
3
GWENDAL LE BEC

11 VERSTECKTE PARADIESE

New York zu besuchen heißt, sich in den nie enden wollenden Trubel dieser Megalopolis zu werfen und in das alltägliche Gewimmel dieses gigantischen Ameisenhaufens einzutauchen. Kein Wunder, wenn Sie zwischendurch von Müdigkeit übermannt werden und das Bedürfnis verspüren, der Hektik zu entfliehen. Zum Glück gibt es auch ruhige, ja besinnliche Orte, die zum Relaxen einladen, versteckt im Herzen der Stadt. Hier können Sie sich vom Rummel erholen und Energie für die nächste Runde in der brausenden Metropole tanken.

1 ATTABOY €€€
Leise Hintergrundmusik (New Order, T. Rex), gemütliche Atmosphäre und exzellente, kreative Cocktailkreationen. Die Rechnung für die Drinks wird übrigens in einem alten Buch serviert.
134 Eldridge Street, Manhattan

2 RAINES LAW ROOM €€€
Gedämpftes Licht und Kerzenschein erwarten Sie in dieser anspruchsvollen Cocktail Lounge. Die Drinks werden am Tisch geordert, es gibt keine Theke. Die Mitarbeiter sind äußerst versiert und freundlich.
48 W 17th Street, Manhattan

3 POETS HOUSE 👁
Lassen Sie sich in diesem hellen und freundlichen Literaturzentrum in einen bequemen Sessel fallen, lesen Sie zeitgenössische Poesie und genießen dabei den herrlichen Ausblick auf den Hudson.
10 River Terrace, Manhattan

4 CIRCLE LINE SIGHTSEEING CRUISES €€ 👁
Buchen Sie die »Full Island Cruise«: eine Sightseeingtour mit dem Schiff rund um Manhattan.
Pier 83, W 42nd Street & 12th Avenue, Manhattan

5 THE NOGUCHI MUSEUM 👁
Der japanisch-amerikanische Bildhauer und Designer Isamu Noguchi hat seinen abstrakten Skulpturen mit diesem Museum einen wunderschönen Rahmen gegeben. Genießen Sie auch den japanischen Garten und das Zen-Ambiente.
9-01 33rd Road, Long Island City

6 THE KING COLE BAR IM ST. REGIS HOTEL €€€€ 👁 ♥
Edel: Dicke Teppiche, Ledersessel und diskrete Gespräche kennzeichnen diese Hotelbar, begleitet vom leisen Klirren der Eiswürfel im Whiskyglas.
The St. Regis Hotel, 2 E 55th Street, Manhattan

7 BURP CASTLE €€ ♥
Belgische Bierbar im East Village: Laut zu sprechen, ist hier ein absoutes No-go. Nur einen Ticken zu laut und schon ernten Sie ein missbilligendes »Schschsch!« und dazu den strafenden Blick des Barmanns.
41 E 7th Street, Manhattan

8 NEW YORK INSIGHT MEDITATION CENTER
Tibetanische Meditation in einem großen Loft hinter Backsteinmauern: »Wo Herz und Geist erwachen ...«.
28 W 27th Street, Manhattan

9 WEST VILLAGE 👁
Der westliche Teil von Greenwich Village ist ein geruhsames Viertel mit dem Flair einer europäischen Kleinstadt.
Im Karree zwischen Hudson River, W Houston Street, 6th Avenue und W 14th Street, Manhattan

10 BROOKLYN HEIGHTS 👁
Häuserreihen aus rotem Sandstein, schattige Straßen und totale Ruhe. Hier wohn(t)en bekannte Persönlichkeiten wie W. H. Auden, Arthur Miller, Björk und Penelope Cruz.
Im Karree zwischen East River, Atlantic Avenue, Court Street und Cadman Plaza W, Brooklyn

11 UNITED NATIONS MEDITATION ROOM
Ein Raum der Meditation, absolut still, sparsam beleuchtet, in der Mitte ein Altar aus dunklem ›Magneteisen‹ - und das im Hauptquartier der UN.
United Nations Building, 480 E 42nd Street, Manhattan

12 THE WATER TABLE €€€€ 👁
Wie wäre es mit einem Tête-à-tête auf der »Revolution«, einem Schiff der US Navy, das in ein schwimmendes Restaurant verwandelt wurde? Die ›Kreuzfahrt‹ über den East River dauert zweieinhalb Stunden.
India Street Pier, 10 India Street, Brooklyn

13 THE CARNEGIE CLUB €€€
Mit einem Glas Whiskey und einer Zigarre an lässig an der Bar lehnen und dem Live-Orchester lauschen, das Sinatra spielt ...
156 W 56th Street, Manhattan

14 STATEN ISLAND FERRY 👁 ♥
Gratis-Schifffahrt durch die New Yorker Bucht mit einem unverbauten Blick auf die Freiheitsstatue.
Staten Island Ferry Whitehall Terminal, 4 South Street, Manhattan

15 CHINESE SCHOLAR'S GARDEN 👁
Pagoden und Bambus: Die Nachbildung der Gärten von Suzhou (China) ist Teil des Staten Island Botanical Garden.
1000 Richmond Terrace, Staten Island, 20 Min. Fußweg vom Staten Island Ferry Terminal

5
13
6
11
4
8
12
2
9
7
1
3
10
5
14
GWENDAL LE BEC

12 INSELN DER RUHE IN DER STADT

Die Geschichte New Yorks steht auch auf den Stelen seiner Friedhöfe geschrieben. Machen Sie einen stillen und beschaulichen Spaziergang durch die Alleen dieser Ruhestätten, vorbei an Grabsteinen, Familiengrüften und anonymen Gräbern: Hier ruhen die stummen Zeugen einer lebendigen Stadt.

1 AFRICAN BURIAL GROUND €€€

Archäologisches Bodendenkmal und Gedenkstätte: Auf diesem Grund wurden im 17. und 18. Jahrhundert Nachforschungen zufolge 15 000 zumeist versklavte Afroamerikaner bestattet, die meisten von ihnen vermutlich in Massengräbern.
Ted Weiss Federal Building, 290 Broadway, Manhattan

2 GREEN-WOOD CEMETERY ♥

Auf diesem Friedhof, der dem Père Lachaise in Paris nachempfunden worden sein soll, ließ sich in der zweiten Hälfte des 19. Jahrhunderts die High Society beisetzen.
500 25th Street, Brooklyn

3 MORAVIAN CEMETERY

Die ältesten Gräber dieses parkähnlichen Friedhofs datieren aus der Mitte des 18. Jahrhunderts. Hier sind viele deutsche Auswanderer bestattet.
2205 Richmond Road, Staten Island, Bahnhof Grant City

4 TRINITY CHURCH CEMETERY

Hier liegen u. a. der Ornithologe und Zeichner Jean-Jacques Audubon, Alfred Tennyson Dickens, der Sohn des bekannten Schriftstellers, und der steinreiche Geschäftsmann John Jacob Astor, der beim Untergang der Titanic ums Leben kam, begraben.
770 Riverside Drive, Manhattan

5 HARTSDALE PET CEMETERY ♥

Dieses etwas abgelegenere Begräbnisfeld ist der älteste Tierfriedhof Amerikas (1896). Hier ruhen neben anderen auch die Hunde von Diana Ross und Mariah Carey.
100 N Washington Avenue, Hartsdale, Manhattan

6 WOODLAWN CEMETERY

Einer der größten Friedhöfe New Yorks und ein hübsches Fleckchen Grün in der Bronx. Viele architektonisch spannende Mausoleen, viele berühmte Persönlichkeiten, vor allem Jazzmusiker und Schriftsteller.
517 E 233rd Street, Bronx

7 NEW YORK CITY MARBLE CEMETERY

Um diesen Friedhof aus dem Jahr 1831 zu besuchen, muss man persönlich Kontakt aufnehmen (Tel. +1 212-228-6401).
52–74 E 2nd Street, Manhattan

8 EAST COAST MEMORIAL

Denkmal aus acht Granittürmen und einem Bronzeadler zur Erinnerung an die im Zweiten Weltkrieg an den Küsten des Westatlantiks gefallenen Soldaten.
Im Battery Park gelegen, nur ein paar Schritte von der Wall Street entfernt, östl. der Dewey Promenade, Manhattan

9 FIRST SHEARITH ISRAEL GRAVEYARD

Kleiner Friedhof der ersten jüdischen Gemeinde in Nordamerika (um 1650) in der Nähe des Chatham Square.
55–57 Saint James Place, Manhattan

10 NEW YORK MARBLE CEMETERY

Ein einmaliges Konzept: Statt Särge in die Erde zu versenken und die Ruhestätten mit Grabsteinen zu versehen, begrub man hier, hauptsächlich zwischen 1830 und 1870, die Toten in unterirdischen Grüften aus Marmor. Man befürchtete nämlich, dass das Leichengift für den Ausbruch von Gelbfieber und anderen Epidemien verantwortlich sei. An den Friedhofsmauern wurden Marmortafeln angebracht mit dem Hinweis auf den Standort der Gruft und dem Namen derjenigen, die sie ursprünglich erworben hatten.
41 1/2 2nd Avenue, Manhattan

11 CANARSIE CEMETERY

Katholische Kreuze und Davidsterne stehen hier zu Ehren der im Sezessionskrieg gefallenen Soldaten Seite an Seite. Zu sehen sind auch viele Gräber italienischer Immigranten.
1370 Remsen Avenue, Brooklyn

12 CALVARY CEMETERY

Einer der größten und ältesten Friedhöfe der Vereinigten Staaten. In Queens gelegen, eröffnet er einen Blick auf Manhattan aus der Froschperspektive.
4902 Laurel Hill Boulevard, Woodside, Queens

13 HART ISLAND

Die Toteninsel mit Potter's Field: größter Friedhof von New York auf einer kleinen, praktisch unerreichbaren Insel, wo die Ärmsten der Armen begraben werden. Die Insassen von Rikers Island, dem größten Gefängnis der USA, beerdigen hier Menschen in Massengräbern, die niemand kannte oder vermisste. Lediglich anonyme weiße Pfeiler markieren die Koordinaten der Grabstätten.
Hart Island, im äußersten Westen von Long Island, Bronx. Nur per Fähre zu erreichen.

14 EVERGREENS CEMETERY ♥

Eine Idylle: Gräber inmitten von sanften Hügeln und Hängen und auf der grünen Wiese, zwischen Hunderten Bäumen und blühenden Sträuchern.
1629 Bushwick Avenue, Brooklyn

15 CYPRESS HILLS NATIONAL CEMETERY

Der einzige nationale Friedhof New Yorks: Soldaten und Zivilisten liegen hier begraben.
833 Jamaica Avenue, Brooklyn

6
5
4
13
12
10
7
1
9
8
14
15
2
3
11
MIGUEL PORLAN

13 FRIEDLICHE KOEXISTENZ

Katholiken, Methodisten, Buddhisten, Hindus, Episkopalisten, Juden, Baptisten - es gibt zahlreiche Kult- und Gebetsstätten, die meist eng mit der Geschichte der ersten Immigranten verbunden sind. Ob klein oder groß, weisen sie doch alle einen bunten Mix aus historischen Stilen auf und wirken heute oftmals ein wenig verloren zwischen den Hochhäusern.

1 TRINITY CHURCH

Die Dreifaltigkeitskirche ist allein schon wegen ihrer Lage sehenswert: neogotische, episkopale Kirche am Ende der Wall Street, die dritte in dieser Gegend.
75 Broadway, Manhattan

2 JOHN STREET METHODIST CHURCH

Der Kirchendiener und freigekaufte Sklave John Street gründete die erste schwarze methodistische Kongregation des Landes. Die Kirche in ihrem heutigen Zustand datiert aus dem Jahr 1841.
44 John Street, Manhattan

3 SAINT PAUL'S CHAPEL

In dieser Kapelle, einem Anbau der Dreifaltigkeitskirche, wurde ein Denkmal für die Opfer von 9/11 errichtet.
209 Broadway, Manhattan

4 CHURCH OF THE TRANSFIGURATION

In dieser neogotischen Kirche gründete sich die episkopale Bruderschaft der Theaterschauspieler, der beispielsweise Charlton Heston und Joan Fontaine angehörten. Kurios: Die Figuren auf den Kirchenfenstern tragen die Gesichtszüge der Schauspieler.
1 E 29th Street, Manhattan

5 EASTERN STATE BUDDHIST TEMPLE OF AMERICA

An diesem spirituellen Ort können Sie rund hundert von Kerzenschein beleuchtete goldene Buddhas bewundern.
64 Mott Street, Manhattan

6 ISLAMIC CULTURAL CENTER OF NEW YORK

Yorkville, Upper East Side: die größte Moschee und zugleich die erste, die in New York City gebaut wurde. Der Grundstein für das Minarett wurde 1988 gelegt. Der Bau verzögerte sich aufgrund des Zweiten Golfkriegs, deshalb wurde das Zentrum erst 1991 eröffnet.
1711 3rd Avenue, Manhattan

7 SAINT PATRICK'S OLD CATHEDRAL ♥

Die Basilika ist die älteste der katholischen Kirchen von New York (1815), in Little Italy gelegen und folglich vor allem von Italienern frequentiert. Hier wurden zwei Szenen aus »Der Pate«, Teil 1 und Teil 3, gedreht.
263 Mulberry Street, Manhattan

8 ELDRIDGE STREET SYNAGOGUE

Synagoge in einem Stilmix aus Neogotik und neomaurischer Architektur, deren Bau 1887 bereits stolze 100 000 Dollar kostete. Das Gotteshaus ist eine der ältesten aschkenasischen Synagogen in den USA.
12 Eldridge Street, Manhattan

9 CHURCH OF THE INCARNATION

Dieses kleine Juwel (römisch-katholisch) mit seinen sehenswerten Jugendstilfenstern, gestaltet u. a. von William Morris und Louis Comfort Tiffany, ist zwischen Hochhäusern eingeklemmt.
209 Madison Avenue, Manhattan

10 SAINT PATRICK'S CATHEDRAL

Eine der größten Kathedralen der Welt, deren neogotischer Stil einen faszinierenden Kontrast zu den Wolkenkratzern bildet. Direkt gegenüber liegt das Rockefeller Center.
5th Avenue & 50th Street, Manhattan

11 SHEARITH ISRAEL SYNAGOGUE

1897 für New Yorks älteste jüdische orthodoxe Gemeinde erbaut, deren Geschichte eng mit den ersten sephardischen Juden verbunden ist, die hier im September 1654 aus Brasilien kommend eintrafen.
8 W 70th Street, Manhattan

12 CATHEDRAL CHURCH OF SAINT JOHN THE DIVINE ♥

Never ending story: Der Bau dieser episkopalen Kathedrale begann im Jahr 1892 und ist bis heute nicht abgeschlossen. Hier kann man jedes Jahr am ersten Sonntag im Oktober sein Haustier segnen lassen und Ende April sein Fahrrad ...
1047 Amsterdam Avenue, Manhattan

13 ABYSSINIAN BAPTIST CHURCH

Der berühmteste Pfarrer dieser Kirche, Adam Clayton Powell (1908-1972), eine der führenden Persönlichkeiten im Kampf gegen die Rassentrennung, war der erste Schwarze, der in den Kongress gewählt wurde.
132 W 138th Street
(132 Odell Clark Place (früher 138th St.)), Manhattan

14 MARBLE COLLEGIATE CHURCH ♥

Älteste evangelische Kirche New Yorks (eingeweiht 1854) in neoromantischem Baustil mit einer sehr lebendigen Gemeinde. In Fußnähe zum Madison Square Park und Flatiron Building gelegen.
1 W 29th Street, Manhattan

15 ANGEL ORENSANZ CENTER

Denkmalgeschützte, älteste erhaltene Synagoge New Yorks (1849). Der Innenraum erinnert an Notre-Dame in Paris. Bietet heute als »Angel Orensanz Foundation Center for the Arts« Raum für Veranstaltungen, Kunstausstellungen, Konzerte und private Events.
172 Norfolk Street, Manhattan

13
12
6
11
10
9
14
4
7
15
5
8
3
2
1
CHRISTIAN ROUX

14 AUS DER VOGELPERSPEKTIVE

New York strebt himmelwärts - an Aussichtspunkten in mitunter schwindelerregender Höhe mangelt es der Stadt nicht. Besuchen Sie Rooftop-Terrassen, hängende Hochausgärten oder gigantische Wolkenkratzer. Und auch ein Rundflug mit dem Hubschrauber über Manhattan ist möglich. Überwinden Sie Ihre Höhenangst, stecken Sie den Kopf in die Wolken und entdecken Sie New York von oben!

1 AKA CENTRAL PARK €€€
In der 17. Etage auf dem Balkon eines Fünfsternehotels unter freiem Himmel schlafen und durch ein riesengroßes Teleskop die Sterne bewundern - im wahrsten Sinne des Wortes: himmlisch!
42 W 58th Street, Manhattan

2 ROOSEVELT ISLAND TRAMWAY
Tramfahrt mit Traumblick auf Traumstadt: Erleben Sie Manhattan, Queens und den East River für den Preis eines U-Bahn-Tickets!
59th Street, Manhattan

3 HOTEL ON RIVINGTON €€€
Hotelzimmer mit Panoramafenstern, die für ein atemberaubendes Aufwachen sorgen!
107 Rivington Street, Manhattan

4 MARRIOTT MARQUIS €€€€
Besuchen Sie das berühmte Drehrestaurant »The View« auf dem Dach dieses Hotels, trinken Sie einen Cocktail und erleben Sie die fantastische 360-Grad-Aussicht auf den Times Square und New York City.
1535 Broadway, Manhattan

5 BAR 54 €€€ ♥
Lounge im 54. Stockwerk und höchste Rooftop-Bar New Yorks auf dem Dach des Hyatt Hotel Times Square. Hier gibt es neben den obligatorischen Cocktails auch vorzügliche Weine.
Hyatt Times Square, 54th Floor, 135 W 45th Street, Manhattan

6 EMPIRE STATE BUILDING ♥
Einzigartiges Rundum-Panorama: Auf den Freiflächen in der 86. und der 102. Etage befinden sich öffentlich zugängliche Aussichtsplattformen, die fraglos zu den meistbesuchten Sehenswürdigkeiten der Stadt gehören.
350 5th Avenue, Manhattan

7 TOP OF THE ROCK
Das Rockefeller Center hat gleich drei Aussichtsplattformen! Die oberste, auf dem Dach, gewährt einen ungehinderten Blick auf Manhattan und den Central Park.
45 Rockefeller Plaza, Manhattan

8 THE HIGH LINE
Ehemalige Hochbahntrasse im Westen Manhattans, die zwischenzeitlich zu einer Parkanlage umgebaut wurde. Machen Sie einen Spaziergang durch die hängenden Gärten der faszinierenden Stadtlandschaften von West Village und Chelsea.
Start der Wanderung entweder ab 30th Street oder ab 10th Avenue & Gansevoort Street, Manhattan

9 MET ROOF GARDEN CAFE €€
Café und Martini-Bar auf dem Dach des Metropolitan Museum of Art am östlichen Rand des Central Parks: Skulpturengarten und herrlicher Blick auf die Skyline von Manhattan, die den Park säumt!
1000 5th Avenue, Manhattan

10 MANDARIN ORIENTAL €€€€
Das wohl luxuriöseste Fünfsternehotel der Stadt bietet einen spektakulären Blick über den Central Park und die Skyline von Manhattan.
80 Columbus Circle, Manhattan

11 ONE WORLD OBSERVATORY ♥
Panoramaplattform auf der 100. Etage des One World Trade Centers in einer Höhe von mehr als 380 Metern.
1 World Trade Center, Manhattan

12 JIMMY'S BAR €€€
Rooftop-Bar im Hotel The James in SoHo: Die Terrasse klebt wie eine Galionsfigur am Gebäude, mit dem Hudson und dem neuen World Trade Center im Visier.
The James New York Hotel, 27 Grand Street, Manhattan

13 TOP OF THE STANDARD €€€
Absolut angesagte Bar mit Restaurant im Hotel Standard High Line im 18. Stockwerk mit umwerfendem Ausblick.
The Standard High Line Hotel, 848 Washington Street, Manhattan

14 MANHATTAN HELICOPTERS €€€
Highlight de luxe: Manhattan mit dem Hubschrauber erkunden. Abflug am Start- und Landeplatz von Downtown Manhattan. »It's just awesome!«
6 East River Piers, Manhattan

15 230 FIFTH: OUTDOOR ROOFTOP BAR
Die Outdoor Rooftop Bar ist die größte Dachterrasse der Stadt und einer der beliebtesten Spots des New Yorker Nachtlebens. Genießen Sie die schöne Atmosphäre unter Palmen mit einer Traumaussicht auf das nächtliche Manhattan.
230 5th Avenue, Manhattan

9
10
1
2
7
4
5
6
8
15
13
3
12
11
14
XAVIER BARRADE

15 HASHTAG #SELFIE

Sie haben den Atlantik überquert, den amerikanischen Kontinent erreicht, sind in New York gelandet - lassen Sie die ganze Welt daran teilhaben! Schicken Sie ein Lächeln von der Aussichtsplattform der Freiheitsstatue oder ein Winken aus dem Grand Central Terminal, lassen Sie Ihre Liebsten teilhaben an den Lichtern des Times Square, der Weite des Central Park oder an einem der vielen Museen der Stadt. Selfies sind voll im Trend! Wie angesagt sie sind, zeigt auch der »Museum Selfie Day«, der jährlich am 22. Januar begangen wird: Selfie Addicts sind aufgefordert, Fotos von sich neben einem Kunstwerk auf Twitter hochzuladen. Also, #museumselfie und los geht's!

1 TOP OF THE ROCK ♥
Für ein schwindelerregendes Selfie - von der obersten Panaramaplattform in der 70. Etage des Rockefeller Center.
45 Rockefeller Plaza, Manhattan

2 THE HIGH LINE ♥
Für ein ländlich-idyllisches Selfie - von der drei Kilometer langen ehemaligen Hochbahntrasse im Westen Manhattans, zwischenzeitlich eine hübsche Parkanlage.
Start der Wanderung entweder ab 30th Street oder ab 10th Avenue & Gansevoort Street, Manhattan

3 TKTS STAIRS AM TIMES SQUARE
Für ein Selfie im ›Auge des Tigers‹, im Herzen Manhattans, bei einem Bad in der Menge auf der Tribüne am Times Square!
1564 Broadway, Manhattan

4 ROBERT INDIANAS SKULPTUR »LOVE«
Für ein romantisches Selfie - vor der etwa vier Meter hohen »LOVE«-Skulptur des Pop-Art-Künstlers Robert Indiana.
1359 Avenue of the Americas, Manhattan

5 SKY ROOM IM NEW MUSEUM
Für ein Selfie aus luftiger Höhe - vom Sky Room in der obersten Etage des New Museum mit 360-Grad-Ausblick.
New Museum, 235 Bowery, Manhattan

6 CIRCLE LINE CRUISES
Für ein maritimes Selfie - auf einer Kreuzfahrt bei Sonnenuntergang.
Abfahrt der unterschiedlichsten Sightseeingtouren ab Pier 83, W 42nd Street, Manhattan

7 »DUMBO WALLS« VON MOMO ♥
Für ein mega-buntes Selfie - vor einem riesigen, farbenfrohen Street-Art-Gemälde in Brooklyn. Ein Projekt des bekannten Sprayers MOMO.
York Street, zwischen Adams Street und Washington Street, Brooklyn

8 BROOKLYN BRIDGE
Für ein Selfie bei Sonnenuntergang - auf der ältesten Hängebrücke der Stadt hoch über dem East River in der Dämmerung.
Brooklyn Bridge, Brooklyn

9 GANTRY PLAZA STATE PARK
Für ein Selfie mit Ausblick - von der gegenüberliegenden Seite des East River in Queens. Der Park bietet einen super Blick auf Manhattan.
474 48th Avenue, Long Island City

10 GRAND ARMY PLAZA
Für ein schickes Selfie - an der Kreuzung von Central Park und der teuersten Einkaufsmeile der Welt, der 5th Avenue.
Grand Army Plaza, Manhattan

11 STATUE OF LIBERTY
Für ein Selfie mit hohem Symbolwert - nur Sie und die Freiheitsstatue!
Liberty Island, die Fähre legt am Battery Park ab, 75 Battery Place, Manhattan

12 ELLIS ISLAND
Für ein geschichtsträchtiges Selfie - auf den Spuren der Einwanderer im Ellis-Island-Gebäude. Erleben Sie, welche Prozedur die Immigranten bei der Einreise über sich ergehen lassen mussten. Übrigens: Mehr als die Hälfte aller US-Bürger haben Angehörige, die über Ellis Island eingereist sind.
Ellis Island, Jersey City, die Fähre legt am Battery Park ab, 75 Battery Place, Manhattan

13 ROOSEVELT ISLAND TRAM STATION
Für ein ›himmlisches‹ Selfie - aus 76 Metern Höhe. Die Seilbahn verbindet Roosevelt Island mit Manhattan.
Main Street, Roosevelt Island

14 EMPIRE STATE BUILDING
Für ein Selfie über den Wolken - symbolträchtiger als ein Foto von Ihnen auf dem Empire State Building geht nicht.
350 5th Avenue, Midtown West, Manhattan

15 DOYERS STREET
Für ein Selfie aus Chinatown - von der berüchtigten Doyers Street im Herzen des von Asiaten geprägten Stadtteils. In den 1920er-Jahren spielten sich hier zahlreiche blutige Kämpfe rivalisierender Banden ab.
Doyers St, New York, Manhattan

UPPER WEST SIDE
UPPER EAST SIDE
QUEENS
ROOSEVELT ISLAND
ASTORIA
tkts
MIDTOWN EAST
GREENWICH VILLAGE
EAST VILLAGE
LOVE
CIRCLE LINE
FINANCIAL DISTRICT
BROOKLYN
GOVERNORS ISLAND
NIARK1
1
2
3
4
5
6
7
8
9
10
11
12
13
14
15

16 BIG APPLE FÜR VERLIEBTE

Das Hollywoodkino hat maßgeblich dazu beigetragen, dass New York zu einem der erklärten Ziele für Verliebte aus aller Welt geworden ist. Der Kuss über den Wolken, ein romantisches Candle Light Dinner, ein Spaziergang im Mondschein, eine Kutschfahrt im Central Park - das alles haben wir auf der Kinoleinwand schon gesehen. Erleben Sie nun Ihr eigenes kinoreifes Liebes-Wochenende im Big Apple!

1 KUTSCHFAHRT DURCH DEN CENTRAL PARK 👁 ♥
Romantische Spazierfahrt in der Kalesche - wie in Woody Allens »Manhattan«.
Central Park, 59th bis 110 Street, 5th bis 8th Avenue, Ausgangspunkt Grand Army Plaza, im Südosten des Central Parks

2 RIVER CAFÉ €€€€ 👁
Einzigartige Location an der Brooklyn Bridge direkt am East River: Seite an Seite bei romantischer Klaviermusik dinieren, mit freier Sicht auf Manhattans Skyline und die Freiheitsstatue. Exzellentes Angebot an internationalen Weinen. Strenger Dresscode - aber schick machen Sie sich ja eh!
1 Water Street, Brooklyn

3 GALLOW GREEN €€€ 👁
Diese charmante Bar in idyllischem Gartenambiente auf einem Dach in Chelsea gehört zum McKittrick Hotel.
542 W 27th Street, Manhattan

4 BOHEMIAN RESTAURANT €€€
Versteckt hinter der Fassade einer Metzgerei verbirgt sich dieses tolle japanische Restaurant in NoHo, ein echter Geheimtipp.
57 Great Jones Street, Manhattan

5 FLUTE MIDTOWN €€€
Wer es gerne diskreter hätte: Verbringen Sie einen schönen Abend in dieser romantischen Champagnerbar. Live Jazz an jedem letzten Samstag im Monat.
205 W 54th Street, Manhattan

6 THE LOEB BOATHOUSE CENTRAL PARK €€€
Fast ländlich wirkendes, exklusives Restaurant im Central Park direkt am See The Lake. Sie können Ihre(n) Liebste(n) auch im Boot über den See rudern oder zu einer Gondelfahrt einladen.
E 72nd Street & 5th Avenue, Manhattan

7 CONEY ISLAND BEACH AND BOARDWALK 👁 ♥
Die hölzerne Strandpromenade lädt zum romantischen Spaziergang am Meer ein.
Surf Avenue & Stillwell Avenue, Brooklyn

8 MANHATTAN BY SAIL €€€ 👁
Genießen Sie die Segelfahrt mit Weinverkostung bei Sonnenuntergang an Bord der aus dem Jahr 1929 stammenden »Shearwater«, einer Segeljacht der Great-Gatsby-Ära.
N Cove Marina, Manhattan

9 WINTER VILLAGE IM BRYANT PARK
Romantischer geht's nimmer: Schlittschuhlaufen in dem von Hochhäusern umgebenen Bryant Park in Midtown, ein Traum auf dem Eis vor allem bei Nacht! Hand in Hand Pirouetten drehen ...
41 W 40th Street, Manhattan

10 GRAND CENTRAL OYSTER BAR & RESTAURANT €€€
Wenn der Abschied naht: Vor dem letzten Kuss am Bahnsteig noch schnell gemeinsam tagesfrische Meeresfrüchte in den Kellergewölben des Bahnhofs verputzen. Riesige Auswahl!
Grand Central Terminal, 89 E 42nd Street, Manhattan

11 VINEGAR HILL HOUSE €€€
Zum Relaxen: Restaurant in Brooklyn mit rustikalem Charme und Köstlichkeiten aus dem Holzofen, bei Schönwetter auch im Garten unter einem Kirschbaum.
72 Hudson Avenue, Brooklyn

12 LUXUS-SPA IM HOTEL TRUMP SOHO €€€€
New Yorks einziger Hammam mit luxuriösem Spa-Service wie z. B. Massageangeboten speziell für Paare. Sie können Sauna und Hammam auch privat mieten. Lassen Sie die Welt und den Alltag außen vor!
246 Spring Street, Manhattan

13 MAISON PREMIÈRE €€€ ♥
Frische Austern (30 verschiedene Sorten!), Champagner, Weißwein und Absinth in einem traumhaft schönen, romantischen Garten - eine Oase der Gemütlichkeit und des Genusses.
298 Bedford Avenue, Brooklyn

14 NITEHAWK CINEMA ♥
Gelungene Synthese aus Bar und Kino in Williamsburg, mit Cocktailservice und Doppelsitzen für verliebte Paare.
136 Metropolitan Avenue, Brooklyn

15 CLASSIC HARBOR LINE €€€ 👁
Lust auf einen Segeltörn mit einer kostenlosen Runde Champagner oder Wein? Mit einem Glas in der Hand dabei zusehen, wie die Sonne hinter der Freiheitsstatue untergeht? Die Classic Harbor LIne macht es möglich.
62 Chelsea Piers, Suite 103, Manhattan

6
1
5
9
10
3
4
14
13
12
8
11
2
7
MARIE ASSÉNAT
coney island

17 MANCHE MÖGEN'S HEISS

New York ist bekannt für seine Vielzahl subversiver, pikant-erotischer Locations. Auf diesem Gebiet war die Stadt eine der ersten in den USA, so gesehen mangelt es hier nicht an anregend-frivolen Orten, egal, ob man auf die Schnelle eine After-Work-Party organisieren, sexy Dessous kaufen oder einem Striptease beiwohnen will ...

1 MUSEUM OF SEX
Amerikas erstes erotisches Museum informiert über das Thema, von Online-Fetischen über Cybersex und Nekrophilie bis zu erotischer Lithografie. Museumsshop mit erotischer Literatur und Sex Toys, Lounge-Bar mit Cocktails.
233 5th Avenue, Manhattan

2 FLASHDANCERS €€€
Bekannter Stripteaseclub - Eintritt ab 21 Jahren. Wer im Tank Top oder mit Baseballkappe kommt, muss leider draußen bleiben.
1674 Broadway, Manhattan

3 BABELAND €€
Die riesige Bandbreite an Sexspielzeug faszinierte auch Beyoncé und ihren Gatten Jay Z: Angeblich sollen sie in diesem ›Tempel der Lüste‹ für 6000 $ eingekauft haben.
43 Mercer Street, Manhattan

4 LA PETITE COQUETTE €€
Spitze, Lingeries, Badewäsche in ausgezeichneter Qualität und während des Aus- bzw. Sonderverkaufs auch zu sehr moderaten Preisen.
51 University Place, Manhattan

5 THE BOX €€€€
Trauen Sie sich? Besuchen Sie die schlüpfrig-provokanten Darbietungen dieses Varietétheaters.
189 Chrystie Street, Manhattan

6 THE SLIPPER ROOM €€€ ♥
Die besten Burlesque Shows von ganz Manhattan: hochgradig amüsant!
167 Orchard Street, Manhattan

7 NURSE BETTIE €€
Pin-ups, Cocktails und Live-Burlesque-Shows auf der Lower East Side.
106 Norfolk Street, Manhattan

8 NEW YORK BURLESQUE FESTIVAL €€ 👁
Vier Nächte voller Glitzer und Glamour ... Spektakuläres Burlesque-Festival in vier der heißesten New Yorker Nachtclubs mit mehr als 100 internationalen Künstlern und fast 3000 Zuschauern. Karten für das in der letzten Septemberwoche stattfindende Festival sollten Sie frühzeitig reservieren:
Information und Reservierung:
www.thenewyorkburlesquefestival.com

9 PLEASURE CHEST €€
Bekannte Marke, die seit mehr als 40 Jahren existiert, mit Filialen in Los Angeles, Chicago und New York und einem riesigen Angebot an Sexspielzeug. In der Boutique an der 7th Avenue deckten sich schon die vier Heldinnen aus »Sex and the city« ein ...
156 7th Avenue S, Manhattan

10 HUNK-O-MANIA €€
Auftritte der bekannten Männershow-tanzgruppe »The Chippendales«, kurz »The Chipps«: Tanz, Gesang und Striptease - perfekt für einen Abend unter Freundinnen. Ihr Markenzeichen sind die weißen Kragen mit schwarzer Fliege auf viel nackter Haut.
301 W 39th Street, Manhattan

11 EVE'S GARDEN €€€
Der etwas versteckt in der zwölften Etage eines Bürogebäudes auf der Upper West Side gelegene Laden gilt als der erste Sexshop für Frauen in New York. Bücher, Sexspielzeug, Workshops für Paare ... Gegründet von der Frauenrechtsaktivistin Dell Williams.
119 W 57th Street, Suite 1201, Manhattan

12 THE LEATHER MAN €€€
Für Männer, die Männer und Leder lieben: Seit 1965 New Yorks erste Adresse in Greenwich Village für S/M-Lederfetisch-Klamotten und -Accessoires ...
111 Christopher Street, Manhattan

13 PINK PUSSYCAT BOUTIQUE €€
In der Boutique mit dem süßen Namen gibt es die ultimativen Accessoires für das perfekte Liebesleben!
167 W 4th Street, Manhattan

14 KIKI DE MONTPARNASSE €€€€
Inspirieren die romantische und erotische Fantasie: Dessous, luxuriös und sexy. Die Boutique ist nach einer französischen Sängerin und Schauspielerin benannt, die für ihr ausschweifendes und exzessives Leben im Montparnasse der 1920er-Jahre bekannt war.
79 Greene Street, Manhattan

15 THE ARTFUL BACHELORETTE €€€ 👁
Alternatives Aktzeichnen: Weißwein, Champagner, ein attraktives männliches Modell, Zeichenstifte und Papier: online buchbare, kreative, stilvolle, amüsante und mal etwas andere Abendbeschäftigung. Women only ...
Information und Reservierung:
www.theartfulbachelorette.com

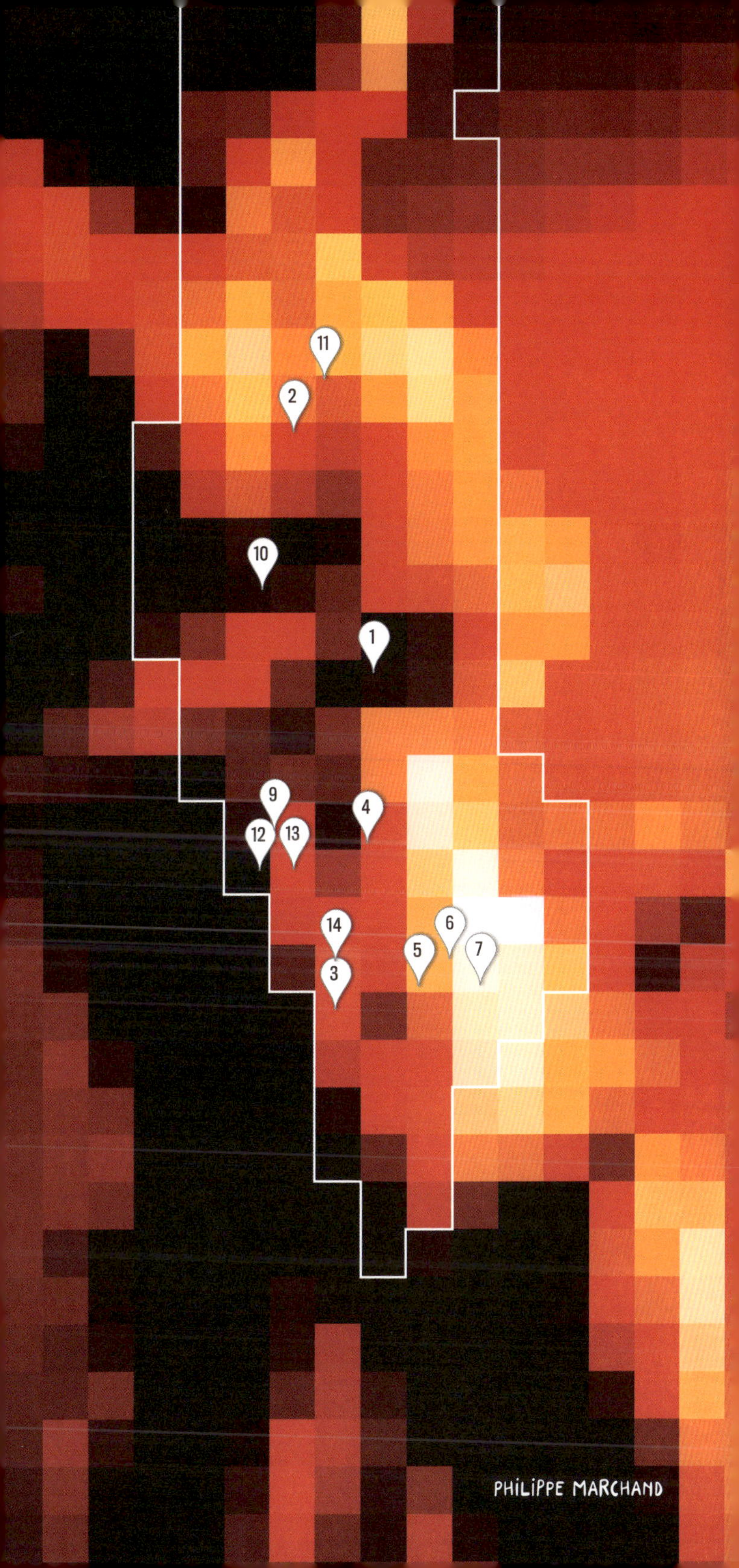

PHILIPPE MARCHAND

18 EIN GIGANTISCHER SPIELPLATZ

Allein die sensationellen Wolkenkratzer sorgen bei den Kleinen schon für große Begeisterung. Entdecken die Kids dann noch den M&M-Süßwarentempel, das Geschäft für Superhelden, den Retro-Erlebnispark am Strand und das Spielzeuggeschäft der etwas anderen Dimension - spätestens dann werden Sie verstehen, warum New York auch ein ideales Reiseziel für Kinder ist, egal, ob sie noch klein oder schon fast erwachsen sind.

1 ECONOMY CANDY €♥

Seit 1937: der beste und mit Abstand abgefahrenste Süßwarenladen in Town. Harry Potter, die Ninja Turtles und Hello Kitty als Zuckerzeug, dazu ein bisschen Disney-Eiskonfekt - und das zum Selbstkostenpreis. Ein sehenswertes Paradies, nicht nur für Naschkatzen.
108 Rivington Street, Manhattan

2 SLEEPOVER IM AMERICAN MUSEUM OF NATURAL HISTORY 👁

Das Naturkundemuseum ist spätestens seit dem Film »Nachts im Museum« mit Ben Stiller ein Hit. Sie werden es bedauern, dass nur Ihre Kinder hier über Nacht bleiben und mit Taschenlampen ausgerüstet Dinos, Fossilien und vieles mehr erkunden dürfen. Für Kinder von sechs bis 13 Jahren.
Central Park W & W 79th St, Manhattan

3 FAO SCHWARZ €€€

Das Nonplusultra aller Spielzeuggeschäfte, eines der berühmtesten und außerdem das älteste der Vereinigten Staaten (1862). Nehmen Sie an einer 45-minütigen Privatführung teil (vor Ladenöffnung), um Anekdoten über die Sammlung zu erfahren, das eine oder andere auszuprobieren, mit den Zinnsoldaten zu spielen ...
767 5th Avenue, Manhattan

4 M&M'S WORLD €€

Ein Tempel auf drei Etagen - dem berühmten Naschwerk geweiht. Ein Fest für alle Sinne: die 15 Meter breite ›Color Wall‹ aus den bunten Schokolinsen in 72 Glasröhren farblich sortiert.
1600 Broadway, Manhattan

5 BROOKLYN SUPERHERO SUPPLY CO €€

Das Geschäft für die Superhelden: Zaubertränke, Tarnkappen, Zaubertinte ... Die Einnahmen fließen mehrheitlich in ein Projekt für benachteiligte Kinder im Viertel.
372 5th Avenue, Brooklyn

6 NINTENDO WORLD €€

Tempel der Spielkonsolen im Herzen Midtowns: Super Mario, Pokemon, Wii etc. Ein Muss für Spielefans aller Altersstufen.
Rockefeller Center, 10 Rockefeller Plaza, Manhattan

7 MADAME ALEXANDER DOLL COMPANY

Madame Beatrice Alexander (1895-1990), Tochter russischer Immigranten, gründete 1923 ihre eigene Puppenfabrik. Besuchen Sie die Werkstatt und schauen Sie zu, wie die Puppen hergestellt werden.
615 W 131st Street, 6. Etage, Manhattan

8 MUSEUM OF THE MOVING IMAGE

Wie entsteht ein Film? Hier lernen die Kids, wie's geht: vom Schreiben des Drehbuchs bis zum fertigen Film.
3601 35th Avenue, Astoria, Queens

9 SONY WONDERTECHNOLOGY LAB

Für den Blick in die Zukunft: interaktives Museum, in dem man die Technologien von morgen schon heute entdecken kann. Eintritt frei.
550 Madison Avenue, Manhattan

10 BROOKLYN CHILDREN'S MUSEUM ♥

Inspirierend, faszinierend, interaktiv - klasse: Gegründet 1899, war das Kindermuseum in Brooklyn weltweit das erste, das eigens für Kinder geschaffen wurde.
145 Brooklyn Avenue, Brooklyn

11 IMAGINATION PLAYGROUND

»Amazing«: Spielplatz mit mobilem Spielsystem aus großen, blauen Blöcken in vielen verschiedenen Formen, mit denen Kinder die Umgebung selbst gestalten. Im Sommer mit Rutschen und Wasserspielen. Anregend und kreativ!
John Street & Front Street, Manhattan

12 LUNA PARK AUF CONEY ISLAND €€♥

Nostalgischer Jahrmarkt mit alten Karussells direkt am Strand ...
1000 Surf Avenue, Brooklyn

13 CHILDREN'S MUSEUM OF MANHATTAN

Spielerisch und interaktiv auf fünf Etagen lernen: Literatur, Naturwissenschaft, Medien, Kunstausstellungen für Kinder. Besonders beliebt ist das Time Warner Studio, hier kann man als Nachrichtensprecher das Wetter ansagen, hinter den Kulissen die Kamera führen oder Filme schneiden.
212 W 83rd Street, Manhattan

14 THE INTREPID SEA-AIR & SPACE MUSEUM

Wer sich für militärische Exponate interessiert, kann auf diesem zum Museumsschiff umgebauten Flugzeugträger Hubschrauber aus dem Vietnamkrieg, Flugzeuge oder ein U-Boot mit Marschflugkörpern besichtigen. Liegt am Hudson vor Anker.
Pier 86 W 46th Street & 12th Avenue, Manhattan

15 MADAME TUSSAUDS

Wachsfigurenkabinett mit mehr als 200 ›lebensechten‹ internationalen Superstars, das seit eh und je Klein und Groß in seinen Bann zieht - trotz endloser Warteschlangen!
234 W 42nd Street, Manhattan

7
MORNINGSIDE HEIGHTS
HARLEM
EAST HARLEM
BRONX ZOO
BRONX
MANHATTAN
13
UPPER EAST SIDE
2
QUEENS
8
UPPER WEST SIDE
3
9
HUSDON RIVER
14
4
6
MIDTOWN
15
CHELSEA
GRAMERCY
STUYVESANT TOWN
10
MEATPACKING DISTRICT
EAST VILLAGE
EW
RSEY
WEST VILLAGE
GREENWICH VILLAGE
1
SOHO
NOLITA
LOWER EAST SIDE
WILLIAMSBURG
CHINATOWN
TRIBECA
WELCOME TO
EW YORK
FINANCIAL DISTRICT
11
BROOKLYN BRIDGE
DUMBO
BROOKLYN
5
TANIA WILLIS
12

19 DABEI SEIN IST ALLES!

Auch in den USA breitet sich Übergewicht epidemisch aus – New York ist eine der wenigen Städte, in denen dies anders ist. Sie fragen sich warum? Aus einem ganz einfachen Grund: Die New Yorker sind nicht nur besessen von Bio-Essen und Veggie-Trends, sondern auch von körperlicher Ertüchtigung. Basketball, Baseball, Schwimmbäder und Fitnesszentren – jeder Vorwand ist willkommen, um sich körperlich zu verausgaben oder zumindest anderen dabei zuzuschauen.

1 YANKEE STADIUM ♥
Berühmtestes Baseballstadion New Yorks. Das Eröffnungsspiel der New York Yankees stieg hier am 3. April 2009. Auf dem heiligen Rasen werden auch Konzerte und Fußballspiele veranstaltet.
1 E 161st Street, Bronx

2 MADISON SQUARE GARDEN
In der Mehrzweckarena finden neben Basketball- und Eishockeyspielen auch Konzerte und andere Veranstaltungen statt. Wird gerne als »The world's most famous arena« bezeichnet.
4 Pennysylvania Plaza, Manhattan

3 HAMILTON FISH POOL
Olympia-Freibad auf der Lower East Side. Außerdem gibt's dort Spielplätze, eine Schlittschuhbahn und im Sommer kostenlos Schwimmunterricht.
128 Pitt Street, Manhattan

4 HIGHBRIDGE RECREATION CENTER
Frisch renovierter Sportkomplex mit zwei Outdoor-Pools, Tanzsaal, Fitnessstudio, Baseballfeld und Tischtennisplatten,
2301 Amsterdam Avenue, Manhattan

5 JOHN JAY SWIMMING POOL
Öffentliches Schwimmbad am Ufer des East River.
John Jay Park, 77 Cherokee Place, Manhattan

6 LASKER RINK AND POOL
Im Sommer lockt hier ein Schwimmbad, im Winter eine Schlittschuhbahn (frei zugänglich).
Central Park, 110 Malcolm X Boulevard, Manhattan

7 CHELSEA PIERS SPORTS CENTER ♥
Luxuriöses Sportzentrum mit Hallenbad und breitem Angebot wie Boxen, Triathlon, Yoga, Pilates, Klettern, Basketball und vielen anderen Sportarten.
Pier 60, 20th Street & Hudson River Park, Manhattan

8 ASPHALT GREEN
Manhattans einziges Olympia-Hallenschwimmbad. Alle möglichen Wassersportarten sind hier im Angebot.
555 E 90th Street, Manhattan

9 CHELSEA RECREATION CENTER
Eines der größten Sportzentren von Manhattan, u. a. mit Volleyball-, Basketball- und Hockeyfeld, außerdem wird Wasser-Polo gespielt.
430 W 25th Street, Manhattan

10 RECREATION CENTER 54 ♥
Eines der ältesten Sportzentren der Stadt – im Jahr 1911 erbaut. Ursprünglich als öffentliches Bad für die arme Bevölkerung genutzt. Mit Kraftraum, Basketballplatz, Laufstrecke und Schwimmbad.
348 E 54th Street, Manhattan

11 GERTRUDE EDERLE RECREATION CENTER
Dutzende Kursangebote für verschiedene Sportarten, nur ein paar Schritte vom Columbus Circle entfernt, benannt nach der ersten Frau, die 1926 den Ärmelkanal durchschwamm: in 14 Stunden und 34 Minuten!
232 W 60th Street, Manhattan

12 ASSER LEVY RECREATION CENTER
Die ehemaligen öffentlichen Bäder dienen heute als Sportanlage mit dazugehörigem Freibad. Die historischen Gebäude gehen auf Arnold W. Brunner und William Martin Aiken zurück.
392 Asser Levy Place, Manhattan

13 HARLEM TAVERN €€ 👁
Großes Restaurant mit Biergarten, wo vorzugsweise die diversen Matches im TV verfolgt werden. Gute Stimmung.
2153 Frederick Douglass Boulevard, Manhattan

14 YANKEES CLUBHOUSE SHOP €€€
Traumhafter Fanshop für Anhänger der New York Yankees!
393 5th Avenue, Manhattan

15 NEW YORK RUNNING COMPANY
Riesenauswahl an Laufschuhen, Sportbekleidung und Accessoires. Ausgezeichnete Beratung und ebensolcher Service.
1051 3rd Avenue, Manhattan

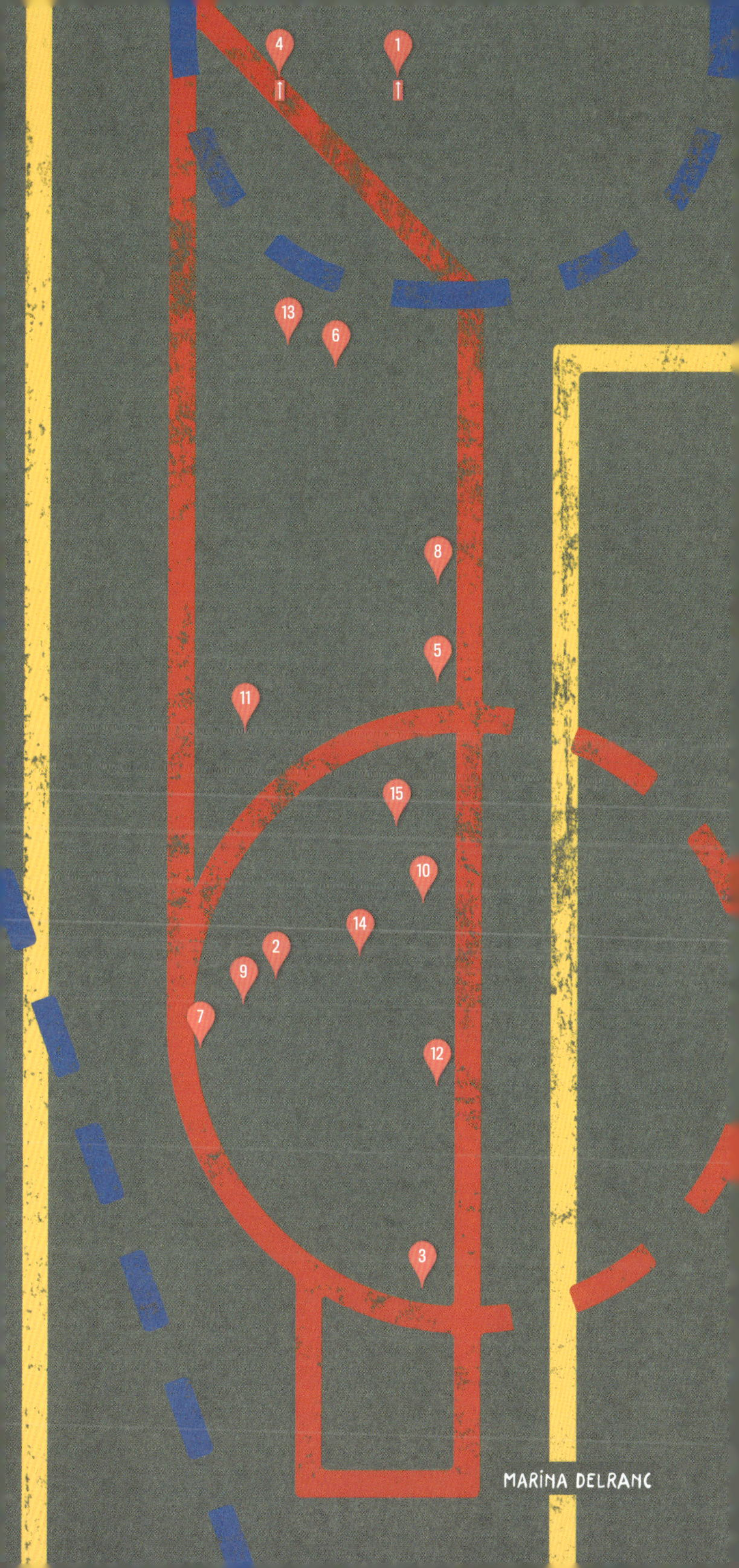
4
1
13
6
8
5
11
15
10
14
2
9
7
12
3
MARINA DELRANC

20 NEW YORK OUTDOOR

Outdoor-Aktivitäten stehen bei den New Yorkern hoch im Kurs, daher verwundert die hohe Zahl an unterschiedlichsten Sportplätzen und Spielplätzen nicht. Kreuz und quer über die Stadt verteilt, findet man schöne Anlagen, die nach Büroschluss oder am Wochenende gut besucht sind: Sich auspowern und auf andere Gedanken kommen, das mögen die New Yorker!

1 SAINT NICHOLAS PARK
Der Park wurde Anfang des 20. Jahrhunderts von Samuel Parsons entworfen und beherbergt heute einen der beliebtesten Basketballplätze Harlems. Er verfügt außerdem über ein Handballfeld und diverse Kindervergnügungen.
St Nicholas Terrace, Manhattan

2 DEWITT CLINTON PARK ♥
Erste Adresse für Basketball in Midtown, doch findet man hier auch Baseball-, Handball- und Fußballfelder. Im August wird ein Sportfest ausgetragen. Benannt ist der Park nach dem ehemaligen Bürgermeister der Stadt, DeWitt Clinton.
DeWitt Clinton Park, Manhattan

3 HAPPY WARRIOR PLAYGROUND
Vier Mini-Basketballterrains - nett gelegen. Der Park trägt den Spitznamen »Rock Steady Park«, weil sich hier früher häufig die Mitglieder der in den 1980er-Jahren bekannten Breakdancegruppe »Rock Steady Crew« aufhielten.
W 97th Street & Amsterdam Avenue, Manhattan

4 SARA DELANO ROOSEVELT PARK
Für heiße Tage: schattige Basketballplätze an der Lower East Side. Außerdem: Fußballplatz, Eisbahn und diverse Kinderaktivitäten.
Von E Houston Street zur Canal Street, zwischen Chrystie Street und Forsyth Street, Manhattan

5 WEST FOURTH STREET COURTS
Legendär: »The Cage« (Käfig), hinter meterhohem Metallgitter. Hier wird der härteste Streetbasketball der Stadt gespielt, rau und schnell. Zwei, drei Spielzüge und der Ball ist im Korb! Die Fans am Zaun verwandeln den Käfig in eine Bühne.
Avenue of the Americas & W 3rd Street, Manhattan

6 MIDTOWN TENNIS CLUB
Seit 1965 existiert diese schicke Tennisanlage in Midtown. Wer mag, kann hier auch Unterricht nehmen.
341 8th Avenue, Manhattan

7 SUTTON EAST TENNIS CLUB
Schön gelegene Tennisanlage, nur wenige Schritte von der Queensboro Bridge entfernt. Die acht Sandplätze liegen unterhalb der Brücke.
488 E 60th Street, Manhattan

8 SAINT MARY'S PARK
Größter Baseballplatz der South Bronx. Im Park wird auch gekickt und Basketball gespielt. Wer will, kann Tanz- oder Schwimmunterricht nehmen.
450 St Anns Avenue, Bronx

9 CENTRAL PARK TENNIS CENTER
Für Liebhaber des ›weißen Sports‹: 26 Hartplatz-Tennisareale mitten im Central Park.
Central Park, Manhattan

10 PIER 25 PLAYGROUND
Direkt am Hudson liegt eine der schönsten Freizeitanlagen Manhattans, mit Minigolfplatz, Beachvolleyballfeld und Kinderspielplatz. 2015 wiedereröffnet, nachdem Hurrican Sandy die Anlage verwüstet hatte.
225 West Street, Manhattan

11 PIER 6 PLAYGROUND
Riesiges Spielplatzterrain im Herzen von Brooklyn Heights mit Wasserspielplatz und -fontänen, Riesenrutsche, drei Volleyball-Sandplätzen, separater Hundezone, Holzofenpizza ...
Brooklyn Bridge Park,
Atlantic Avenue & Furman Street,
Brooklyn

12 ANCIENT PLAYGROUND
Anders als sein Name vermuten lässt, erst kürzlich umgebautes und saniertes Spielplatzareal im Central Park: mit Kletterpyramiden, ›Obelisken‹ und Sonnenuhren, inspiriert durch die altägyptische Kunstsammlung im nahegelegenen Metropolitan Museum of Art.
East 85th Street, Manhattan

13 UNION SQUARE PLAYGROUND ♥
Cooler, relativ neuer Spielplatz aus dem Jahr 2009. »Echt abgespaced!«, finden die Kleinen.
201 Park Avenue S, Manhattan

14 RUCKER PARK
Legendärer Basketballplatz in Harlem: gilt als Geburtsort des Streetball! Viele Profis begannen hier ihre Karriere. Außerdem Treffpunkt der Hip-Hop-Szene.
W 155th Street und 8th Avenue

15 THE ESPLANADE
Hier spielen die Börsenmakler der Wall Street nach Büroschluss Volleyball.
Battery Park City, Manhattan

8
14
1
3
9
12
7
2
6
13
5
4
10
15
11
MH

21 DIE STADT ALS LEINWAND

In New York findet Kunst nicht nur in Museen und Galerien statt, sondern hat längst Einzug in die Straßen der Stadt gehalten. Tags, Graffitis und großartige Wandmalereien zieren die Backsteinmauern der Street-Art-Metropole. Auch wenn »5 Points« in Queens, Gesamtkunstwerk und ultimatives Mekka der Sprayer, im Jahr 2013 zerstört wurde – es sind längst neue Stätten entstanden, an denen die Tradition der urbanen Kunst mit Enthusiasmus und Biss fortgesetzt wird.

1 MMUSEUMM

Winziges Non-Profit-Museum in einem Lastenaufzug, das sich vergessenen, übersehenen oder weggeworfenen Objekten und Artefakten widmet! Originelle Ausstellungen, in denen etwa Zahnpastatuben aus aller Welt, in Fotokopierern liegen gebliebene Blätter oder Gegenstände, die im Pazifik gefunden wurden, im Mittelpunkt stehen.
4 Cortlandt Alley, Manhattan

2 »THE SPHERE«

Große, goldene Skulptur des deutschen Bildhauers Fritz Koenig in Form einer Kugel, die wie durch ein Wunder die Anschläge vom 11. September schwer beschädigt überstanden hatte und 2002 als Mahnmal im Battery Park aufgestellt wurde.
Battery Place, State Street, Manhattan

3 »CRACK IS WACK«

»Crack ist scheiße« – wohl eines der bekanntesten Murals von Keith Haring (1986), auf der Wand eines kleinen Sportplatzes neben dem Harlem River Park. Nach dem frühen Tod des Künstlers wurde der Platz nach dem Kunstwerk benannt.
E 127th Street, Manhattan

4 GRAFFITI HALL OF FAME

Upper East Side/East Harlem: Seit mehr als 30 Jahren zeigen Street-Art-Künstler auf dieser riesigen Wand ihre neuesten Skills – direkt neben den Subway-Gleisen. Der Eintritt zum Outdoor-Museum ist frei.
East 106th & Park Avenue, Manhattan

5 »BOWERY MURAL«

Das erste Mural von Keith Haring (1982). Seither ist diese Wand eine Ikone, die immer wieder neu gestaltet wird, etwa von Künstlern wie JR oder dem Künstlerkollektiv FAILE aus Brooklyn.
E Bowery Street & Houston Street, Manhattan

6 »SAILOR KISS« ♥

Großflächiges Mural in bunt leuchtenden Farben: Der brasilianische Künstler Eduardo Kobras interpretiert das berühmte Foto »V-J Day in Times Square« von 1945 neu.
504 W 25th Street, Manhattan

7 BUSHWICK COLLECTIVE STREET ART

East Williamsburg, das zum neuen Mekka der New Yorker Street-Art-Szene erblüht, seit »5 Points« in Queens Neubauten weichen musste.
St Nicholas Avenue & Troutman Street, Brooklyn

8 CENTRE-FUGE PUBLIC ART PROJECT

Alte Bauwagen, die zu einer Freiluft-Ausstellungsfläche umfunktioniert wurden: Kunst im öffentlichen Raum, Fortsetzung folgt ...
1st Street & 1st Avenue, Manhattan

9 DIE BERLINER MAUER IN NYC

Kunstwerke zweier deutscher Künstler auf einem Stück Berliner Mauer, das in Manhattan installiert wurde: Das Stück auf der 53. Straße zwischen der Fifth Avenue und Madison Avenue ist eines von vier Mauerteilen, die in New York stehen.
E 53rd Street, Midtown East, Manhattan

10 TUFF CITY STYLES €€€

Ultracooles Gelände: Tattoostudio, Galerie und Sprayerparadies in einem!
650 E Fordham Road, Bronx

11 HUNTS POINT ♥

Insider-Murals: engagiert, anarchistisch, militant, bunt – auf der Halbinsel Hunts Point, der ein Ruch von Rotlichtmilieu anhaftet.
Drake Street & Spofford Avenue, Bronx

12 UNTITLED 2012 MURAL

Eine 30 x 20 Meter große Wand, die von dem Künstler Barry McGee in Downtown Brooklyn gestaltet wurde (auf der Seite der Mark Morris Dance Company).
3 Lafayette Avenue, Brooklyn

13 182 ALLEN STREET

Chinatown-inspiriertes Mural: Ganz oben befindet sich das mit »WK« signierte Werk eines französischen Straßenkünstlers, einem der Stars der New Yorker Street-Art-Szene.
182 Allen Street, Manhattan

14 GRAFFITI-STICKER MURAL AM ACE HOTEL

Mehr als 40 000 Aufkleber zieren die Außenfassaden des Hotels: Kunstwerk von Michael Anderson, einem Künstler aus der Bronx.
Ace Hotel, 20 W 29th Street, Manhattan

15 »BRANDON MANY RIBS«

Der französische Künstler JR malte das Porträt von Brandon Many Ribs, einem nordamerikanischen Indianer aus dem Stamm der Lakotas in North Dakota, um auf die Situation der indigenen Bevölkerung in den USA hinzuweisen. Ist im High Line Park zu sehen, einem Open-Air-Museum, das Murals zeigt.
High Line Park, W 29th & 30th, Manhattan

I ♥ NY
APPEARING ALL OVER NEW YORK
ESCAPE!
Chillax
10
11
3
4
9
14
6
15
5
8
13
7
1
2
12
JON BURGERMAN

22 GANGS OF NEW YORK

Ende 2014 lag die Kriminalitätsrate in New York so niedrig wie nie zuvor. Doch bis hierher war es ein langer Weg für die Stadt, die über Jahrzehnte hinweg als Synonym für Verbrechen und Gewalt galt. Bandenkriege, Rachefeldzüge, Morde, Überfälle, Vergewaltigungen ... und die allgegenwärtige Mafia. Die Erinnerung an diese blutrünstige Vergangenheit lebt bis heute in einigen finsteren Gassen in Queens, Manhattan, Brooklyn und der Bronx weiter.

1 THE FIVE POINTS

Schauplatz diverser Bandenkriege im 19. und im beginnenden 20. Jahrhundert, unvergesslich geworden durch das Broadway-Musical »West Side Story« (1961).
Gegend um den Columbus Circle, Hell's Kitchen, Manhattan

2 DOYERS STREET'S BLOODY ANGLE

Gasse mit zweifelhaftem Ruhm: Sie wurde von chinesischen Gangs um die Jahrhundertwende in Brand gesetzt und in ein blutiges Schlachtfeld verwandelt.
Doyers Street, Manhattan

3 HELL'S KITCHEN

Midtown West: ehemals verrufene, heute boomende Nachbarschaft, die in den 1920er-Jahren von Arbeitslosigkeit gebeutelt und in den Siebzigern von der Mafia heimgesucht wurde.
Im Karree zwischen W 34th Street, 8th Avenue, W 59th Street und Hudson, Manhattan

4 21 BAXTER STREET

Legendärer Treffpunkt der Baxter Street Dudes in den 1870er-Jahren, einer Teenager-Diebesbande mit ihrem berüchtigten Leader Baby-Face Willie, die aber auch Musicals und Theaterstücke schrieben und aufführten.
21 Baxter Street, Manhattan

5 MUSEUM OF THE AMERICAN GANGSTER

Kriminalmuseum mit nur zwei Räumen im East Village über einem sog. Speakeasy, einer zuzeiten der Prohibition verbotenen Bar. In dieser Gegend trieben einst Al Capone, Lucky Luciano und John Gotti ihr Unwesen.
80 St. Mark's Place, Manhattan

6 TAMMANY HALL

Tagungsort einer korrupten und skrupellosen politischen Organisation, berühmt-berüchtigt vor allem im späten 19. Jahrhundert.
100 E 17th Street, Manhattan

7 LA PLAZA CULTURAL

Früher verwahrlostes, zugemülltes Brachland und verrufener Treffpunkt für Drogendealer, wurde von Aktivisten und Anwohnern ab den späten 1970ern in einen schönen Gemeinschaftsgarten mit Obstbäumen, Gemüseanbau und alternativem Kulturzentrum verwandelt.
9th Street & Avenue C, Manhattan

8 PARK CENTRAL HOTEL NEW YORK

Hotel, das bei der Cosa Nostra hoch im Kurs stand. 1928 wurde hier Arnold Rothstein ermordet und im Jahr 1957 Albert Anastasia – die beiden Morde an den hochrangigen Cosa-Nostra-Mitgliedern blieben letztlich unaufgeklärt.
870 7th Avenue, Manhattan

9 UMBERTO'S CLAM HOUSE

Eines der bevorzugten Lokale der Unterwelt, wo Joey Gallo (Crazy Joe) am 7. April 1972 erschossen wurde. Den Täter des Mordanschlags auf den italo-amerikanischen Gangster, ein Mitglied der Cosa Nostra, hat man nie ermittelt.
132 Mulberry Street, Manhattan

10 RIVERSIDE PARK

Mord unter Freunden: Am 14. August 1944 stach Beatnik-Autor Lucien Carr in diesem Park, der als Homosexuellentreffpunkt bekannt war, den Literaturdozenten David Kammerer nach einem Steit nieder.
W 115th Street, Manhattan

11 MORDFALL KITTY GENOVESE

In Kew Gardens wurde 1964 die 28-jährige Kitty Genovese vergewaltigt und erstochen. Wie sich herausstellte, gab es 38 Zeugen, die erst nach mehr als einer halben Stunde die Polizei benachrichtigten. Der Fall schlug hohe Wellen und regte nachhaltig zu Untersuchungen des »Genovese-Syndroms« an.
82-70 Austin Street, Queens

12 BOMBENANSCHLAG IN DER WALL STREET

Bei einem Bombenattentat auf die Wall Street am 16. September 1920, das der anarchistischen Szene angelastet wurde, kamen 38 Menschen zu Tode.
23 Wall Street, Manhattan

13 THE BOWERY

Bevorzugte Gegend der berüchtigten, antikatholischen und anti-irischen Gang der Bowery Boys Mitte des 19. Jahrhunderts, die sich erbitterte Kämpfe mit anderen Gangs der Five Points lieferten.
Bowery Street, Manhattan

14 GRAHAM AVE MEATS & DELI €

Traditionelle italienische Metzgerei mit Sandwich-Imbiss, die einst einem Paten der Mafia aus Brooklyn gehörte.
445 Graham Avenue, Brooklyn

15 BAMONTE'S

Alter Mafia-Treffpunkt, der auch in der TV-Serie »Die Sopranos« auftaucht.
32 Withers Street, Brooklyn

ÉLISE GODMUSE

23 DAS NEW YORK DER PROMIS

Los Angeles ist Geschichte - die kalifornische Film- und Musikhochburg mit ihrer Glitzer- und Glamourwelt ist für die amerikanischen Stars und Sternchen längst nicht mehr der Nabel der Welt. Ihre Freizeit verbringen sie lieber in New York, wo für Normalsterbliche kaum bezahlbare Luxus-Spas locken, abgefahrene Bowlingbahnen, edle Privatclubs, Sternegastronomie ...

1 LAFAYETTE GRAND CAFÉ & BAKERY €€€

In diesem französischen Bistro, das für seinen außergewöhnlich guten Service bekannt ist, könnten Sie Gwyneth Paltrow treffen, die hier gerne mal zwischen zwei Beauty-Terminen Station macht.
380 Lafayette Street, Manhattan

2 FORBIDDEN PLANET €€

Schauspieler Robin Williams liebte diesen gigantischen Comicladen. Hier finden Sie auch Science-Fiction-Literatur, Anime, Graphic Novel, Mangas, Spielzeug und mehr.
832 Broadway, Manhattan

3 THE CARLYLE €€€€

Mit etwas Glück können Sie in diesem Fünf-Sterne-Hotel Woody Allen in seinem zweiten Beruf als Jazzmusiker erleben, denn bisweilen tritt er hier mit seiner Band auf.
35 E 76th Street, Manhattan

4 BLUE HILL €€€€

Schauspieler Edward Norton schätzt die Küche von Sternekoch Dan Barber, der auf erstklassige lokale Produkte setzt und als leidenschaftlicher Farmer und Verfechter eines Mentalitätswandels innerhalb der Nahrungsmittelindustrie gilt.
75 Washington Place, Manhattan

5 NINTH STREET ESPRESSO €

Laut Filmschauspieler Will Ferrell ist der kleine Laden »einfach das beste Café der Welt.« Es gibt nur vier verschiedene Sorten Kaffee - aber was der Barista daraus macht, ist einmalig.
75 9th Avenue, Manhattan

6 WHAT GOES AROUND COMES AROUND €€€

Angesagte Vintage-Boutique, in der sich auch schon Katy Perry, Camille Rowe, Sarah Jessica Parker und David Beckham eingekleidet haben.
351 W Broadway, Manhattan

7 AVENUE €€€€

Nur die Coolsten und Schönsten kommen am Türsteher des Clubs vorbei, dürfen sich dann aber mit Emma Watson, Fergie, Rihanna & Co. auf der Tanzfläche tummeln.
116 10th Ave, Manhattan

8 EQUINOX €€€

Hier erarbeiten sich Bradley Cooper und Cameron Diaz ihre super Figur.
1 Park Avenue, Manhattan

9 INDOCHINE €€€

Nicht nur Sarah Jessica Parker, Kanye West und Paris Hilton stehen auf die französisch-vietnamesische Fusion Cuisine des »Indochine«, das seit fast 30 Jahren zu den New Yorker Top-Restaurants gehört.
430 Lafayette Street, Manhattan

10 THE SPOTTED PIG €€€♥

Die Liste der Stars, die diese hippe Restaurant-Bar frequentieren, ist lang und geht von Jay Z über Bono bis zu Courtney Love. Frei von jeglichem Dress Code genießt man in der relaxten Atmosphäre eine Gourmetküche der Extraklasse mit Fokus auf englischen und italienischen Gerichten.
314 W 11th Street, Manhattan

11 SERGE NORMANT AT JOHN FRIEDA €€€€

In diesem Salon und Spa können sie den Beauty-Geheimnissen von Julia Roberts und Sofia Vergara auf die Schliche kommen.
336 W 23rd Street, Manhattan

12 LUCKY STRIKE €€

Im angeblich besten Bowlingclub der Stadt schieben auch Gerald Butler und Jim Carey die Kugel - pardon: werfen den Ball.
River Place 624-660 W 42 Street, Manahttan

13 HOTEL GANSEVOORT MEATPACKING NYC €€€♥

Das Hotel im angesagten Meatpacking District setzt Maßstäbe in Sachen Luxus, die auch Brad Pitt, Angelina Jolie, Leonardo DiCaprio und Lindsay Lohan zu schätzen wissen. Als Nicht-Hotelgast kann man die mondäne Dachterrasse mit kleinem Pool und tollem Ausblick genießen.
18 9th Avenue, Manhattan

14 JEFFREY €€€€

Kim Kardashians Lieblingsadresse in puncto Shoppen. Doch auch, wer nicht ihren Stil teilt, wird bei Jeffrey fündig: Neben den Großen der Modebranche werden hier auch die Kollektionen junger Talente gezeigt.
449 W 14th Street, Manhattan

15 ABC KITCHEN €€€♥

Jake Gyllenhaal und Meg Ryan schätzen im »ABC« nicht nur den umwerfenden Krabbentoast oder die Pizza mit Chicoree, sondern auch die entspannte, sympathische Atmosphäre. Alle Zutaten, die der bekannte Chefkoch Jean-Georges Vongerichten, nutzt, sind frisch, organisch und lokal. Achtung: Man muss Wochen im Voraus reservieren.
35 E 18th Street, Manhattan

HILTON
3
12
8
11
15
7
5
14
13
2
10
4
9
1
6
GANG OF NEW YORK
MAXIME GARCIA

24 KLAPPE UND ACTION!

New York ist eine der bekanntesten Filmkulissen der Welt. Man hat die Stadt schon in so vielen Filmen gesehen, dass man meint, sie zu kennen, noch bevor man überhaupt dort war. Der Riesengorilla auf der Spitze des Wolkenkratzers, das Museum, in dem nach Einbruch der Nacht die Post abgeht, oder der Taxifahrer mit der Ray-Ban und dem Irokesenschnitt am Rande des Wahnsinns ... Jetzt sind Sie dran: Riskieren Sie einen Blick hinter die Kulissen und machen Sie sich an die Verfolgung der New Yorker Kinolegenden.

1 »GHOSTBUSTERS - DIE GEISTERJÄGER« (1984) ♥
Die Geisterjäger beziehen ihr Quartier in einer alten Feuerwehrwache im Stadtteil Tribeca. Das knallrote Tor und ein auf den Gehweg gepinseltes Logo weisen den Weg.
Hook & Ladder, 14 N Moore Street, Manhattan

2 »NACHTS IM MUSEUM« (2006)
Auf den Spuren von Ben Stiller im Naturhistorischen Museum: Hier trifft man alle Figuren aus dem Film wieder, inkl. des T-Rex-Skeletts. Tolle Idee: Für 6- bis 13-Jährige werden »Sleep over« veranstaltet.
American Museum of Natural History, Central Park W & W 79th Street, Manhattan

3 »BLACK SWAN« (2010)
Virtuoser Thriller im Ballettmilieu: Nathalie Portman tanzt als Nina den »Schwanensee« im Lincoln Center. Schön-schaurig!
10 Lincoln Plaza, Manhattan

4 »HAIR« (1979)
Drehorte des legendären Musikfilms im Central Park: Bethesda Terrace, Naumberg Bandshell und Sheep Meadow mit den Hochhaussilhouetten im Hintergrund ...
Central Park, Terrance Drive, Manhattan

5 »MADAGASCAR«
Löwe Alex, Zebra Marty, Giraffe Melman und Nilpferd Gloria: Diese entzückenden Helden setzen sich aus dem Central Park Zoo ab und machen die Straßen der Stadt unsicher ...
Central Park Zoo, 64th Street & 5th Avenue, Manhattan

6 »BIRDMAN ODER DIE UNVERHOFFTE MACHT DER AHNUNGSLOSIGKEIT« (2014) ♥
Herrlich bissige Satire und Backstage-Film mit Michael Keaton in der Hauptrolle, der vor allem in den Katakomben, Garderoben und auf der Bühne des St. James Theatre gedreht wurde.
St. James Theatre, 246 W 44th Street, Manhattan

7 »MANHATTAN« (1979)
Romantik pur: Woody Allen und Diane Keaton auf einer Bank auf der Riverview Terrace mit Blick auf die Queensboro Bridge.
Sutton Square, Manhattan

8 »SATURDAY NIGHT FEVER« (1977)
»Stayin' alive«: John Travolta erobert in Schlaghose und roten Lederschuhen die Straßen von Bay Ridge in Brooklyn.
Rund um die 1969 86th Street, Brooklyn

9 »WEST SIDE STORY« (1961)
Romeo und Julia im New York der 1950er-Jahre: Auf dem Basketballplatz in East Harlem an der 110th Street treffen zwei rivalisierende Jugendbanden, die weißen Jets und die puertoricanischen Sharks, aufeinander.
209 E 110th Street, Manhattan

10 »ES WAR EINMAL IN AMERIKA« (1984)
Sergio Leones Gangster-Epos: Als Kinder ziehen die Helden des Films durch die Straßen von Brooklyn. Von der Washington Street aus sieht man am Ende der Häuserflucht einen Pfeiler der Manhattan Bridge.
Washington Street & Water Street, Brooklyn

11 »FRÜHSTÜCK BEI TIFFANY« (1961)
Legendär: Audrey Hepburn, die mit unnachahmlicher Eleganz vor den Schaufenstern von Tiffany ein Croissant isst.
Tiffany & Co., 727 5th Avenue, Manhattan

12 »KING KONG UND DIE WEISSE FRAU« (1933)
In diesem frühen, tricktechnisch brillanten Kinoklassiker ist das Empire State Building erstmalig auf der Leinwand zu sehen: King Kong und Ann auf der Spitze des Wolkenkratzers.
350 5th Avenue, Midtown West, Manhattan

13 »I'M LEGEND« (2007)
Science Fiction um ein mutiertes Masernvirus mit furchtbaren Folgen: Der Arzt Robert Neville, gespielt von Will Smith, wohnt mit seiner Schäferhündin Samantha am Washington Square, schräg gegenüber vom Triumphbogen.
11 Washington Square N, Manhattan

14 »TAXI DRIVER« (1976)
Robert De Niro und Judie Foster brillieren als Travis und Iris: Das Stundenhotel, in dem Iris arbeitet und wo auch der brutale Showdown stattfindet, liegt im East Village zwischen der 2nd und 3rd Avenue. Der Fassadenteil mit den Säulen ist nicht mehr vorhanden.
226 E 13th Street, Manhattan

15 »MEN IN BLACK« (1997)
Science-Fiction-Komödie um Aliens und Agenten, in der Will Smith und Tommy Lee Jones die Welt retten. Der geheime Eingang in die Zentrale der MiB ist im Lüftungsturm des Holland Tunnel am Battery Place, nördlich des Parks.
Battery Place, zwischen Washington Street & Greenwich Street, Manhattan

STAY PUFT
KANE
GLADYS GLOVER
THE NEW TAKE
WINTER GARDEN
JACK ROBIN
THE JAZZ SINGER
MANHATTAN MELODIES
Springtime for Hitler
HELEN SINCLAIR IN GOD OF OUR FATHERS
JACK SLATER IV
GERITOL
DAILY BUGL
GEKKO & CO
1
2
3
4
5
6
7
8
9
10
11
12
13
14
15
BERNIE HOU

25 EIN HALLELUJA FÜR NEW YORK

In New York kann man Einblicke in die Gospelkultur gewinnen, jene religiöse Musik, deren Ursprung im Spiritual liegt. Der Gospel entstand aus den Gesängen schwarzer Sklaven auf den Baumwollplantagen der weißen Sklavenhalter. Afrikanische Gesangstraditionen vermischten sich mit biblischen Elementen und Texten und wurden zu Gospelsongs, die auch als Geheimcodes dienten, bis die Sklaverei 1865 offiziell abgeschafft wurde. Auch wenn heute manche Gospelgemeinden in Harlem die reinsten Touristenattraktionen sind, gibt es noch viele andere, die sich ihre Authentizität und Leidenschaft bewahrt haben.

1 ABYSSINIAN BAPTIST CHURCH ♥

Die älteste afro-amerikanische Kirche New Yorks (1808), berühmteste der 400 Kirchen in Harlem und beliebt bei Touristen, weshalb es hier einen separaten Sitzbereich für Besucher gibt.
132 W 138th Street, Manhattan

2 MOTHER AFRICAN METHODIST EPISCOPAL ZION CHURCH

Auch bekannt unter »Mother Zion«: Gospelmusik in der ersten Kirche, die ein afroamerikanischer Architekt, George W. Forster Jr., entworfen hat (1923-1925).
140-6 W 137th Street, Manhattan

3 CANAAN BAPTIST CHURCH OF CHRIST

»Serving from the Heart of Harlem since 1932«: Die Gottesdienste sind berühmt für ihre leidenschaftlichen Gesänge.
132 W 116th Street, Manhattan

4 FIRST CORINTHIAN BAPTIST CHURCH

Spiritueller Rückzug schwierig: Wer hier an der Sonntagsmesse mit den leidenschaftlichen Gesängen teilnehmen will, muss mit langen Warteschlangen rechnen! Gottesdienste um 7.30, 9.30 und 11.30 Uhr.
1912 Adam Clayton Powell Jr Boulevard, Manhattan

5 SALEM UNITED METHODIST CHURCH

Hier werden einfache und sehr schöne Lieder gesungen. Die schlichte Kirche ist nicht so überlaufen wie viele andere.
2190 Adam Clayton Powell Jr Boulevard, Manhattan

6 THE CONCORD BAPTIST CHURCH OF CHRIST

Das Gotteshaus hat mit den Extravaganzen und dem Prunk der Kirchen in Harlem nichts am Hut. Jazz- und Gospelkonzerte.
833 Gardner C. Taylor Boulevard, Brooklyn

7 SAINT CECILIA'S CHURCH

Kirche von 1883 aus rotem Backstein mitten im Barrio, Spanish Harlem. Gottesdienst am Sonntag in englischer Sprache, sonst auf Spanisch und Englisch.
120 E 106th Street, Manhattan

8 BETHEL GOSPEL ASSEMBLY

Im Herzen Harlems: Kirche einer altehrwürdigen Gemeinde, die 1917 gegründet wurde.
2 E 120th Street #26, Manhattan

9 TIMES SQUARE CHURCH

Midtown Manhattan: Nicht konfessionsgebundene Gemeinde mit Mitgliedern aus über 100 Ländern. In dem ehemaligen Broadway-Theater finden berühmte Gospelmessen statt. Einst wurden hier Musicals wie »My fair Lady«(1956-1962) und »Jesus Christ Superstar« (1971-1973) aufgeführt.
237 W 51st Street, Manhattan

10 BROOKLYN TABERNACLE

Downtown Brooklyn: Nicht konfessionsgebundene, multikulturelle Gemeinde, berühmt für ihren 280-Stimmen-Chor, der bereits sechs Grammys einheimste und große internationale Auftritte feiert.
17 Smith Street, Brooklyn

11 CATHEDRAL CHURCH OF SAINT JOHN THE DIVIN ♥

Konzerte, Orgelmusik und Gesang, Lesungen in der American Poets Corner, Kunstausstellungen, Diskussionsveranstaltungen, u. a. mit dem Dalai Lama als Gast, in der viertgrößten Kirche der Welt.
1047 Amsterdam Avenue, Manhattan

12 THE MADISON AVENUE BAPTIST CHURCH

Hatte ihre Anfänge 1839 als Rose-Hill-Baptist-Sonntagsschule und -Kirche. Setzt sich offen gegen Rassismus und seit vielen Jahren gegen die Diskriminierung von Lesben und Schwulen ein. Großartiger Chor!
30 E 31st Street, Manhattan

13 METROPOLITAN COMMUNITY UNITED METHODIST CHURCH

Authentische Kirche jenseits des Touristenrummels ...
1975 Madison Avenue, Manhattan

14 MIDDLE COLLEGIATE CHURCH

Beschreibt sich selbst als »einladende, kreative, integrative und wagemutige Gemeinde« und beeindruckt mit Gesang, Jubel und guter Stimmung.
112 2nd Avenue, Manhattan

15 FIRST PRESBYTERIAN CHURCH OF BROOKLYN

1822 in Brooklyn gegründete Kirche, die für ihren tollen Kinder-, Jugend- und Erwachsenenchor bekannt ist. In die Gesänge fließen vor allem Jazzelemente, aber auch Pop, African American Spirituals und klassische Musik ein.
124 Henry Street, Brooklyn

1
2
13
5
8
4
3
11
7
9
12
14
6
15
10
CHRISTIAN ROUX

26 EINFACH UNGEWÖHNLICH

Hinter den schillernden Fassaden der Postkartenstadt versteckt sich noch ein anderes, ein außergewöhnliches, ein skurriles New York, wo die Boote im Trockendock vor sich hindämmern und wo verwaiste Puppen seit Jahrzehnten auf liebende Puppenmütter warten. Hier, in diesen verborgenen Winkeln und Ecken, scheint die Zeit mitunter stehen geblieben zu sein ...

1 ARTHUR KILL SHIP GRAVEYARD

Verrottete Bohlen, alte Planken und morsche Stricke auf einem vor Langem vergessenen Schiffsfriedhof, auf dem die vergessenen Giganten der Meere ruhen.
Arthur Kill Ship Graveyard, Staten Island, Bahnhof Huguenot

2 HALLOWEEN ADVENTURE €€

New Yorks größter Kostümfundus: ein überwältigendes Angebot an verrückten Verkleidungen und Masken aller Art im East Village.
104 4th Avenue, Manhattan

3 SEARCH & DESTROYS €€€

Hardcore und Manic Panic: punkige und abgefuckte Klamotten, punkige Geräuschkulisse, punkiges Ambiente ...
25 St Mark's Place, Manhattan

4 CHISHOLM LARSSON GALLERY - VINTAGE POSTERS €€€♥

Riesige Sammlung von originalen Vintage-Plakaten und -Postern aus der ganzen Welt aus allen nur denkbaren Bereichen: Film, Theater, Pop, Rock, Sport, Politik ...
145 8th Avenue, Manhattan

5 ABRACADABRA €€€

Zauberhafter Shop mit einer kaum fassbaren Vielfalt an Kostümen, Masken, Perücken, Bärten und skurrilen Requisiten. Zauberer geben hier kostenlose Proben ihres Könnens - *it's magic!*
19 W 21st Street, Manhattan

6 THE BROOKLYN SUPERHERO SUPPLY CO. €€

Capes, Tarnkappen, Zauberfarbe, Geheimdokumente: Hier findet man seine komplette Superhelden-Ausrüstung.
372 5th Avenue, Brooklyn

7 RUSSIAN TURKISH BATHS €€👁

Im Herzen des East Village liegen die authentischsten türkischen Bäder der Stadt. Mit diversen Massage-Arten und Wellness-Packungen. Genießen Sie etwa die Behandlung mit Eichenblättern oder die Massage mit Salz aus dem Toten Meer! Sie werden sich wie neugeboren fühlen.
268 E 10th Street, Manhattan

8 THE CITY RELIQUARY 👁♥

Ein winziges und ganz und gar untypisches Museum: verwaiste Puppen, Freiheitsstatuen in allen Größen und Farben, Alltagsartefakte und viele andere sehenswerte Kuriositäten!
370 Metropolitan Avenue, Brooklyn

9 ROOSEVELT ISLAND TRAM STATION 👁

Die Roosevelt Island Tramway ist die einzige Seilbahn der Stadt und verbindet Roosevelt Island mit Manhattan. Ihre Strecke verläuft quasi parallel zur Queensboro Bridge.
Main Street, Roosevelt Island

10 YE OLDE CARLTON ARMS HOTEL €👁♥

Kleinod im Herzen Manhattans: Überall finden sich skurrile Gegenstände wie ein Skelett in der Lobby. Die 54 mit Wandmalereien von Künstlern aus aller Welt gestalteten Zimmer sind sehenswert. Work in Progress. Abgefahren!
160 E 25th Street & 3rd Avenue, Manhattan

11 SUNSHINE LAUNDROMAT €👁

Wasch- *und* Spielsalon: Rechts eine Reihe Waschmaschinen, links eine Reihe guter alter Flipperautomaten. Fehlt nur noch die Lizenz für den Bier- und Weinausschank!
860 Manhattan Avenue, Brooklyn

12 THE EVOLUTION STORE €€€

Naturwissenschaft und Kunst in einem Store in SoHo: Skelette, Schädel, ausgestopfte Tiere, Fossilien sowie eine Menge fremder und furchterregender Objekte ...
120 Spring Street, Manhattan

13 LENIN-STATUE AM ROTEN PLATZ

Nein, Sie sind nicht in Moskau ...
Doch in New Yorks East Village gibt es tatsächlich einen Roten Platz, allerdings handelt es sich beim New Yorker Red Square um ein Luxusapartmentgebäude - in Rot versteht sich.
Die Lenin-Statue auf dem Dach ist so positioniert, dass sie auf den Financial District blickt, und das schon seit 1994!
250 E Houston Street, Manhattan

14 TRINITY PLACE BAR & RESTAURANT €€👁

Hier sind Sie sicher: Restaurant-Bar im Original-Tresorraum einer Bank im historischen Trinity-Gebäude, öffnete 2006 im Herzen des Financial District ihre Pforten. Der Besuch lohnt sich!
115 Broadway, Manhattan

15 KENKA €€👁

Kurioses japanisches Restaurant mit ungewöhnlichem Angebot: Truthahnhoden, Stierpenis, Zuckerwatte ... Keine Angst, es gibt auch traditionelle japanische Gerichte. Besser früh kommen oder reservieren.
25 Saint Mark's Place, Manhattan

WEST
SIDE
SIDE
MID TOWN WEST
TIMES SQUARE
MID TOWN EAST
MURRY HILL
CHELSEA
GRAMERCY
GREENWICH VILLAGE
EAST VILLAGE
SOHO
LITTLE ITALY
TRIBECA
LOWER EAST SIDE
CHINA TOWN
FINANCIAL DISTRICT
STATEN ISLAND
SPEED OF LIGHT
BROOKLY
HYESU LEE
HYESU LEE

27 WO MAN(N) SICH SCHÖN MACHT

Utensilien und ein Zubehör wie anno dazumal: Rasierseifen und -cremes, Rasierpinsel und -messer: Barbershops gehören zu New York wie die Löcher zum Schweizer Käse. Fast jeder Block hat seinen eigenen und jeder Mann, der etwas auf sich hält, egal, ob Jungspund oder Rentner, schwört auf seinen ganz speziellen Barbier.

1 MIDTOWN BARBERS €€

Rasieren ohne Schnickschnack, dazu etwas Retrochic des frühen 20. Jahrhunderts. Das ausgezeichnet geschulte Personal garantiert gekonnte Schnitte und Rasuren, und das zu vernünftigen Preisen.
Chrysler Building, 405 Lexington Avenue, Manhattan

2 JOHN ALLAN'S €€€

Die richtige Adresse, wenn Sie geschniegelt und gestriegelt bei einem Rendezvous auflaufen, den Job Ihres Lebens ergattern oder um die Hand Ihrer künftigen Frau anhalten wollen ... Zum ›Rundum-Wohlfühl-Paket‹ gehören auch Kopfmassage und Schuheputzen.
611 5th Avenue, Manhattan

3 PREMIUM BARBER SHOP 52 ST €

Uriel hat sein Handwerk von der Pike auf beim Vater gelernt und setzt die Familientradition erfolgreich fort. Sein top geschultes Personal liest Ihnen jeden Wunsch von den Augen ab. Und damit jeder drankommt: Es gibt drei weitere Filialen in Manhattan!
299 E 52nd Street, Manhattan

4 NEIGHBORHOOD BARBER €

Der Name ist Programm bei diesem Barbershop im East Village – doch fühlen sich hier nicht nur die Nachbarn wohl. Schnelle Rasuren und Haarschnitte nach allen Regeln der Kunst – und das zu fairen Preisen: Fragen Sie nach Eric!
439 E 9th Street, Manhattan

5 FRANK'S CHOP SHOP €€

Die Lower East Side lässt grüßen. Junges, qualifiziertes und sehr motiviertes Personal sorgt dafür, dass Rasieren zum Erlebnis wird. Bei Frank's beherrscht man alle Standards, doch hier ist vor allem richtig, wer das Ungewöhnliche bevorzugt. Coole T-Shirts, Kappen und Mützen gibt's zum Schnitt dazu.
19 Essex Street, Manhattan

6 NEW YORK SHAVING COMPANY €€€

Hierher kommt der gepflegte Gentleman. Auf ihn warten eine angenehme Atmosphäre, ausgezeichnete Beratung und High-Quality-Produkte, selbstverständlich ohne Parabene und Sulfate.
Trinity Place, 115 Broadway
202 Elizabeth Street, Manhattan

7 REAMIR & CO BARBER SHOP €

Natürliche Haut- und Haarpflege für Männer mit gut gefülltem Geldbeutel: High-End-Salon mit langer Familientradition und hauseigener Produktpalette. Allein fünf Filialen in Manhattan.
2587 Broadway, Manhattan

8 PAUL MOLE BARBER SHOP €

Legendärer Barbershop auf der Upper East Side seit 1913, allein das Ladenschild ist sehenswert! Old-School-Charme und Originaldekor von einst, kombiniert mit modernem Hightech-Sound und -Licht.
1034 Lexington Avenue, Manhattan

9 IGOR'S CLEAN CUTS €

Bis 2007 gehörte Igor zum festen Staff bei den Neighborhood Barbers, seither hat er seinen eigenen Salon. Kleine feine Location, freundliches Personal und tolle Schnitte zu guten Preisen!
20 1st Avenue, Manhattan

10 TOMCATS BARBERSHOP € ♥

„Retro is the new modern": klassische Schnitte aus den wilden Zwanzigern über Rockabilly bis zu Vintage-Haarschnitten à la Don Draper ... Hier bekommt man übrigens ein Bier zum Haarschnitt!
130 India Street, Brooklyn

11 EDDIE'S HAIRCUT & SHAVE €€

Dieser traditionelle Barbershop ist eine Institution auf der Upper East Side – er war schon trendy, bevor es überhaupt in war, zum Barber zu gehen. Eddies hauseigene Pflegeprodukte und das professionelle Ambiente überzeugen einfach jeden.
1295 1st Avenue, Manhattan

12 NEXT LEVEL BARBER SHOP €

Dieser Salon mitten im sympathischen SoHo ist bekannt für seine stylishen Haarschnitte und die gute Stimmung. Für die, die's mögen, gibt's den Wunschfilm zum Schnitt.
396 Broome Street, Manhattan

13 BARBER ROOM €€

Bekannt für seine »Old School Barbershop«-Atmosphäre. Bärte und Schnauzer, Vintage-, klassischer oder moderner Look ... Alles im Programm!
306 Graham Avenue, Brooklyn

14 BLIND BARBER €€

Guter Barbier mit hauseigener Cocktailbar im East Village: Blackjack, Sweeney Ted, Batman – der Drink ist im Service inbegriffen. Und die Pizza kann man beim Nachbarn bestellen.
339 E 10th Street, Manhattan

15 ELEGANT BARBER SHOP €

Freundlich, schnell und dabei gar nicht hektisch, ein tolles Preis-Leistungs-Verhältnis und nur zufriedene Gesichter!
310 4th Street, Brooklyn

1
2
3
4
5
6
7
8
9
10
11
12
13
14
15
BLACKWELLS ISLAND
Penitentiary
Turtle Bay
Canoe Rock
Table Rock
Kips Bay
Bellevue
Alms House and Penitentiary
NEWTOWN
Bennets Pt
Bloomingdale Square
Hamilton Square
Washington Square
Union Place
TWELFTH WARD
Fifth Avenue
Fourth Avenue
Third Avenue
Second Avenue
Sixth Avenue
Seventh Avenue
Eighth Avenue
Ninth Avenue
Fort Gansevoort
Powles Hook
Ellis's
Governors Island
Castle William
Fort Columbus
Whitehall Slip
CHANNEL
HARBOUR
MARINA DELRANC

28 UNDER THE RAINBOW

New York spielt in der Geschichte der Gay Community eine zentrale Rolle, denn hier, in Greenwich Village, nahm die Schwulenbewegung mit dem legendären Stonewall-Aufstand in der Christopher Street ihren Lauf. War die LGBT-Szene früher vor allem in den Vierteln Greenwich und Chelsea und später auch in Hell's Kitchen oder Williamsburg in Brooklyn ansässig, so ist sie heute praktisch überall in der Stadt präsent.

1 GAY STREET
Charmante kleine Gasse, die schon »Gay« hieß, bevor die Schwulen sich im Viertel niederließen. Sie führt direkt auf die Christopher Street. Einst waren hier Stallungen, später wohnten in den Häusern von 1850 afroamerikanische Hausangestellte. Und noch später war die Gasse eine beliebte Residenz schwarzer Musiker, was ihr einen Hauch von Bohème verlieh.
Gay Street, Manhattan

2 »GAY LIBERATION«
Gipsplastiken des Pop-Art-Bildhauers George Segal im Christopher Park: auf der Bank sitzendes Frauen- und stehendes Männerpaar, Stonewall-Mahnmal und Würdigung des Kampfes der Lesben und Schwulen für Gleichbehandlung und Anerkennung, enthüllt 1992.
W 4th Street, Manhattan

3 CUBBYHOLE €♥
Ein Veteran im West Village: seit 1994 sympathische, funkige und offene Lesbenbar, coole Drinks, über der Bar eine kunterbunte Deko, Musik aus der Jukebox, Happy Hour und »straight friendly«!
281 W 12th Street, Manhattan

4 STONEWALL INN €♥
Historische Schwulenbar: die Stätte des Stonewall-Aufstandes im Juni 1969, als die Polizei hier eine der üblichen brutalen Razzien durchführte, jedoch erstmalig auf vehementen Widerstand stieß. Schwule, Lesben und Transgenders solidarisierten sich und es kam zu tagelangen gewalttätigen Auseinandersetzungen mit der Polizei. Eine neue Emanzipationsbewegung war geboren, die in der Öffentlichkeit für Toleranz gegenüber Homosexuellen kämpfte und weltweit Wellen schlug. Der »Christopher Street Day« erinnert bis heute einmal im Jahr mit seiner berühmten schillernden Parade an jene Tage.
53 Christopher Street, Manhattan

5 CATHEDRAL OF SAINT JOHN THE DIVINE
Morningside Heights Upper West: Eine der Kapellen in dieser riesigen Kathedrale beherbergt ein Triptychon von Keith Haring, »The Life of Christ«, die letzte plastische Arbeit vor seinem Aidstod 1990 und ein Denkmal für die Opfer von Aids.
1047 Amsterdam Avenue, Manhattan

6 THE MONSTER €€
Ein Hotspot im West Village seit 1970: Go-go-Boys und Dragqueens, Pianomusik live, tolle Events, Shows, DJs, zwei große Tanzflächen und die besten Frozen Margaritas in Town!
80 Grove Street, Manhattan

7 INDUSTRY BAR €€
Ehemalige Lagerhalle in Hell's Kitchen, umfunktioniert zu einer hippen Location, tolle Gay-Bar, schickes Design, und ab dem späten Abend heißt es: *It's party time!*
355 W 52nd Street, Manhattan

8 THE EAGLE BAR €€
Beliebte Leder-und Jeans-Bar auf zwei Etagen plus Dachterrasse im Sommer. Cruisen, trinken, Poolbillard spielen ... Freitags mit Dresscode im zweiten Stock!
554 W 28th Street, Manhattan

9 HENRIETTA HUDSON €
Manhattans Number-One-Lesbenbar mit Sex-Appeal und Hotspot im Herzen von Greenwich Village seit 1991! Lisa Cannistraci und ihr Team sorgen mit Esprit und Herzlichkeit für eine charmante, einladende Atmosphäre in schickem Ambiente.
438 Hudson Street, Manhattan

10 METROPOLITAN €
Angesagter queerer Szeneladen in Williamsburg: Sommer-BBQ im dicht begrünten Innenhofgarten auf zwei Ebenen.
559 Lorimer Street, Brooklyn

11 LIPS €€ 👁
Ultimatives Drag-Dining: Shrimps in Kokosnussbutter, sautierter Lachs, Käsetorte - begleitet von New Yorks stolzesten Diven und den besten Drag Queen Shows *ever seen!*
227 E 56th Street, Manhattan

12 CHELSEA MARKET €€
Bei der Community im Viertel beliebtes Einkaufszentrum mit Gastromeile. Es gibt immer noch versteckte Highlights wie Ronnybrooks vegetarische Milk Bar, das vegane One Lucky Duck oder einen ordentlichen Hamburger bei Friedman's Lunch!
75 9th Avenue, Manhattan

13 CHELSEA PINES INN €
Wunderbares Regenbogen-B&B mitten im Szenezentrum, dekoriert mit Original-Filmplakaten aus dem Goldenen Zeitalter Hollywoods. Jedes Zimmer ist einem Star von einst gewidmet: Kim Nowak, Doris Day, Paul Newman, Tony Curtis. Entzückender kleiner Garten im Innenhof! *You're welcome!*
317 West 14th Street, Manhattan

14 CAFETERIA €€
»You are. You eat«: Schwulenrestaurant, jung, schick, urban, stylisch und angesagt.
119 7th Avenue, Manhattan

15 XES LOUNGE €€
Freundliche, offene Gay-Bar, DJ-Programm, zweimal in der Woche gibt's Karaoke.
157 W 24th Street, Manhattan

5
7
11
8
15
12
13
14
3
1
4
6
2
9
10
OLIVIER FONTVIEILLE

29 KUNST, DIE UNTER DIE HAUT GEHT

Zwischen der Bronx und Manhattan, Queens und Brooklyn gibt es mehr Tattoo-Shops als Kunstgalerien in ganz New York. Weil sich fast jeder Hipster heute ein Tattoo stechen lässt, ist die Zahl der Studios explosionsartig angestiegen. Doch Vorsicht, nicht jedes ist auch gut. Damit Sie sich im Sommer zu den tätowierten Flaneuren auf den Straßen von Williamsburg oder Bushwick gesellen und ihr Tattoo ausführen können, hier die Adressen der besten Tattoo-Künstler.

1 NEW YORK ADORNED €€€♥
Sehr talentierte Künstler, die alles drauf haben: von Tattoos im japanischen Stil über komplizierte Schwarz-Grau-Schattierungen bis zu traditionellen Farb-Pics. Freundliche Atmosphäre, schöner Schmuck.
47 2nd Avenue, Manhattan

2 THREE KINGS TATTOO €€
25 Künstler machen hier eine sehr sorgfältige Arbeit, um jedes Tattoo einzigartig werden zu lassen. Kunst an den Wänden, ein herzliches Willkommen und eine nette Atmosphäre tragen zum Wohlfühlklima bei.
572 Manhattan Avenue, Brooklyn

3 EAST RIVER TATTOO €€€
Willkommen: gotische Kronleuchter, Holzbalken, rohe Holzwände und eine riesige Windrose auf dem Boden verschönern den renommierten Salon in Brooklyn. Die Künstler sind spezialisiert auf hochwertige Tattoo-Designs in einer Vielzahl von Stilen, die stark an maritime Volkskunst und traditionelle Tattoos des 19. Jahrhunderts erinnern.
1047 Manhattan Avenue, Brooklyn

4 RED ROCKET TATTOO €€
Einer der besten Salons in Midtown. Künstlerin Erica ist genauso talentiert wie sympathisch und zaubert bisweilen abgedrehte Dinge.
78 W 36th Street, Manhattan

5 INKSHOP TATTOO €€
Eric Rignall, seit 1997 im Geschäft, ist der Meister der feinen Linien, der Detailbilder und der realistischen Motive.
209 Avenue A, Manhattan

6 NORTH STAR TATTOO €€
Wegen seines freundlichen Personals und der moderaten Preise bei den New Yorkern beliebt. Die Künstler sind auf Kompasse, Windrosen und maritime Motive spezialisiert.
74 E 7th Street, Manhattan

7 EAST SIDE INK €€
In diesem Salon in Manhattan ließ sich Rihanna ihr erstes Tattoo stechen. Die Künstler sind auf feine Linien und helle Farben spezialisiert und, Ladys, wenn ihr Euch bei einem Mann nicht traut, mehr als die Hälfte der Belegschaft ist weiblich.
97 Avenue B, Manhattan

8 DAREDEVIL TATTOO €€
Salon mit Weltruf, der auf wunderschöne klassische Motive spezialisiert ist. Doch damit nicht genug, Pics im japanischen Stil werden hier auch aufs Feinste gestochen. Hübsch: das kleine Tattoo-Museum.
141 Division Street, Manhattan

9 KINGS AVENUE TATTOO €€
Besitzer Mike Rubendall zählt ohne jeden Zweifel zu den besten Tattoo-Künstlern der Welt. Sein Team ist für ihre absolute Ruhe und Konzentration auch bei schwierigsten und langwierigen Tattoos bekannt.
188 Bowery, Manhattan

10 INVISIBLE NYC INC €€€👁
Tattoo-Salon im Herzen von New York, der gleichzeitig auch als Kunstgalerie fungiert. Spezialisiert auf traditionelle japanische und amerikanische Tattoos; unbedingt vorher anmelden.
148 Orchard Street, Manhattan

11 HAND OF GLORY TATTOO €€
Auch hier scheint das Konzept Tattoo-Salon und Kunstgalerie aufzugehen. In einer intimen Atmosphäre kann man aus dem umfangreichen Repertoire wählen. Spezialisiert auch auf Flash Tattoos, die circa fünf Tage halten.
429 7th Avenue, Brooklyn

12 TATTOO CULTURE €€
Die zwei Artists-in-Residence erschaffen eindrucksvolle Kreationen, Unikate, die irgendwo zwischen abstrakt und figurativ angesiedelt sind. Viele Gastkünstler.
128 Roebling Street, Brooklyn

13 FLYRITE TATTOO €€♥
Der Salon ist seit mehr als 15 Jahren im Geschäft und wohlbekannt. Da nur vier Künstler hier ihr Handwerk ausüben, ist anmelden unumgänglich.
492 Metropolitan Avenue, Brooklyn

14 SAVED TATTOO €€€👁
Legendärer Tattoo-Salon aus Brooklyn. Besitzer Scott Campbell hat einige von Marc Jacobs Tattoos gestochen, außerdem legte er Hand an bei Heath Ledger, Orlando Bloom, Penelope Cruz ... Diverse Gastkünstler.
426 Union Avenue, Brooklyn

15 RISING DRAGON TATTOOS €€
Hier sind acht Künstler mit wahrer Leidenschaft am Werk. Eine High-End-Ausstattung und vernünftige Preise sind weitere Pluspunkte des Salons.
51 W 14th Street #2F, Manhattan

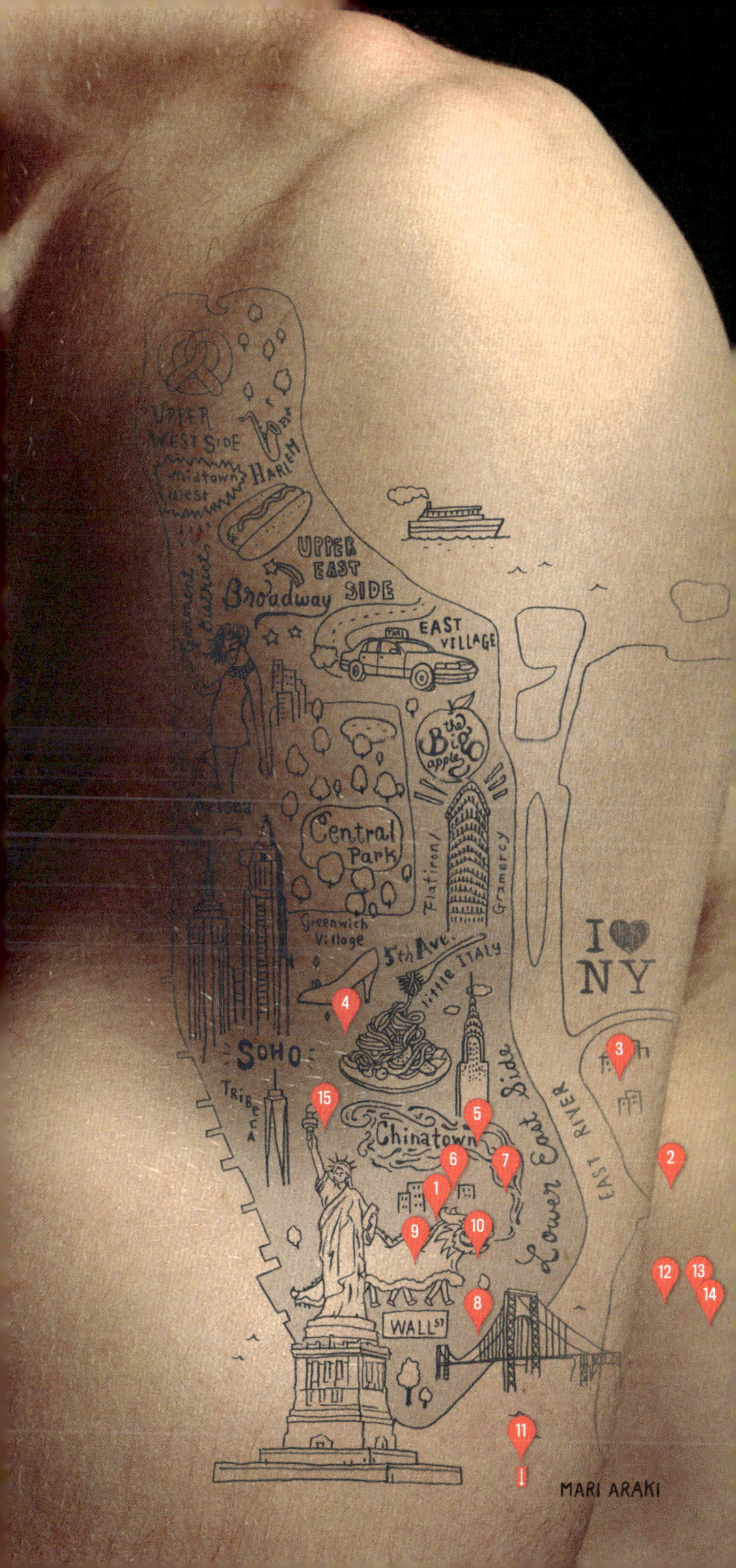
UPPER WEST SIDE
HARLEM
midtown west
Garment District
UPPER EAST SIDE
Broadway
TAXI
EAST VILLAGE
the Big apple
Central Park
Flatiron/
Gramercy
Greenwich Village
5th Ave.
little ITALY
SOHO
TRIBECA
Chinatown
Lower East Side
EAST RIVER
I ♥ NY
WALL ST
1
2
3
4
5
6
7
8
9
10
11
12
13
14
15
MARI ARAKI

30 REKORDVERDÄCHTIG

Endlos hohe Wolkenkratzer, riesige Parks, eine extreme Wetterlage, gigantische Shopping Malls, das längste U-Bahnnetz der Welt, astronomische Preise, die teuersten Mieten weltweit – New York ist in vielerlei Hinsicht eine Stadt der Superlative und bricht Rekord um Rekord in einem zügellosen Wettrennen, das längst jedes Maß verloren hat. Rennen Sie mit?

1 CROWN BUILDING 👁 ♥
Im Jahr 2014 hat das Crown Building an der 5th Avenue das General Motors Building abgelöst in der Kategorie ›teuerstes Bürogebäude der Welt‹! Für 1,7 Milliarden Dollar ließ die Familie Spitzer das Gebäude, in dem bis 2004 das Museum of Modern Art untergebracht war, umbauen.
730 5th Avenue, Manhattan

2 BROOKLYN GRANGE FARM 👁 ♥
Nachhaltiges Projekt: Die weltweit größte auf einem Dach gelegene Farm mit ökologischem, fairem Gemüseanbau befindet sich in Brooklyn. Genießen Sie den Geschmack reifer Tomaten mit Blick auf die Skyline der City!
37-18 Northern Boulevard,
Long Island City

3 8 SPRUCE STREET 👁
Dieser 267 Meter hohe Turm mit seiner wellenartigen, gebogenen Fassade aus schimmerndem Aluminium, fertiggestellt 2011 von Frank Gehry, war vier Jahre lang der höchste bewohnbare Wolkenkratzer der nördlichen Hemisphäre …

4 432 PARK AVENUE 👁
… doch mit seinen 426 Metern Höhe hat dieser bewohnbare Wolkenkratzer, der 2015 eröffnet wurde, das Gebäude in der 8 Spruce Street längst in den Schatten gestellt!

5 KEW GARDENS HILLS
In diesem Viertel in Queens wuchs Ashrita Furman auf, der im Besitz der meisten Rekorde ist, die im »Guinness-Buch der Rekorde« jemals verzeichnet wurden: Von seinen insgesamt 562 erzielten Höchstleistungen sind noch immer 202 unübertroffen, darunter der Rekord für die meisten gleichzeitig gehaltenen Guinness-Weltrekorde einer Einzelperson!

6 CHRISTIE'S €€€€
Am 12. November 2014 kam Christie's auf die höchste Geldsumme, die jemals zuvor durch eine Auktion erreicht wurde: 852,8 Millionen Dollar
20 Rockefeller Plaza, Manhattan

7 TOYS R'US €€
Wirklich der Traum aller Kinder? Zumindest das größte Spielzeuggeschäft der Welt auf 10 000 Quadratmetern Fläche.
1514 Broadway, Manhattan

8 NEW YORK TIMES BUILDING
Im Jahr 2008 erklomm der französische Freikletterer Alain Robert alias Spiderman die 228 Meter hohe verglaste Fassade bis zur Dachkante des New York Times Towers.
620 8th Avenue, Manhattan

9 NATHAN'S FAMOUS €
Hot-Dog-Restaurant, das jedes Jahr am 4. Juli ein »Hot Dog Eat Contest« veranstaltet. Gekürt wird am Ende derjenige, der in einer vorgegebenen Zeit die meisten Hot Dogs gegessen hat. Rekordhalter ist Joey Chestnut mit 69 Hot Dogs in zehn Minuten!
1310 Surf Avenue, Brooklyn

10 SERENDIPITY 3 €€
Hier gibt's für 214 Dollar das teuerste Sandwich der Welt, ein »Quintessential Grilled Cheese«. Am kostspieligsten bei dieser Mahlzeit sind wohl der Dom Perignon und die 24-karätigen Goldflocken … Wohl bekomm's!
225 E 60th Street, Manhattan

11 BROOKLYN BRIDGE 👁
Die Brücke hält den traurigen Rekord der Anzahl an Suiziden, die weit höher ist als die des Empire State Building.

12 ONE WORLD TRADE CENTER 👁
Der 2014 fertiggestellte Glasturm ist mit 546,2 Metern der höchste Wolkenkratzer der nördlichen Hemisphäre.

13 WYCKOFF PIETER CLAESEN HOUSE 👁
Das älteste Haus von New York aus dem Jahr 1652. Es ist heute als Wyckoff Farmhouse Museum öffentlich zugänglich.
5816 Clarendon Road, Brooklyn

14 NEW YORK MARATHON
Weltweit der Marathon mit den meisten Teilnehmern, ca. 50 000 gehen jedes Jahr an den Start. An jedem ersten Sonntag im November geht es von Staten Island über Brooklyn, Queens und die Bronx nach Manhattan bis zum Ziel im Central Park.

15 »THE PHANTOM OF THE OPERA« 👁
Mit fast 12 000 Aufführungen seit 1988 hält das Musical »Das Phantom der Oper« den Rekord sämtlicher bisheriger Broadwaystücke.
Majestic Theatre, 245 W 45th Street, Manhattan

MAXIME GARCIA

31 VINTAGE SHOPPING

Neue Klamotten kaufen ist out. In New York ist Vintage längst zur Religion geworden und sich aus zweiter Hand zu kleiden angesagt – in Secondhandläden und improvisierten ›Thrift Shops‹, deren Einnahmen in karitative Projekte fließen, oder auf den Flohmärkten in den Straßen von Williamsburg. Willkommen in New York, der Pilgerstätte für nostalgische Modefreaks und Schatzsucherinnen im Klamottenrausch!

1 NEW AND ALMOST NEW €€
Sorgfältig ausgesuchte Vintage-Kleidung: Designermode, Schuhe, Taschen und stilvolle Accessoires.
177 Mott Street, Manhattan

2 GOODWILL INDUSTRIES STORE €♥
Secondhandladen mit einem der reichhaltigsten Angebote.
2196 5th Avenue, Manhattan

3 GREENFLEA MARKETS €€👁
Upper West Side: Flohmarkt auf einem Schulhof in der Nähe des American Museum of Natural History. Einer der ältesten der Stadt, findet jeden Sonntag und bei jedem Wetter statt. Der Erlös kommt öffentlichen Schulen zugute.
100 W 77th Street, Manhattan

4 HELL'S KITCHEN FLEA MARKET €€♥
Einer der authentischsten Flohmärkte der Stadt: vom echtem Pelz über echt staubige alte Bücher und echten Krimskrams bis zum echten und echt alten Holzbein ... Jeden Samstag und Sonntag von 9 bis 17 Uhr.
W 39th Street, Manhattan

5 THE MARKET ♥
Hotspot im Herzen von Greenwich Village: Junge Künstler und Designer verkaufen hier ihre Werke, Vintage-Schätzchen, schöner Schmuck im größten Indoor-Flohmarkt der Stadt. Inzwischen wurde in Williamsburg ein zweiter Markt eröffnet.
159 Bleecker Street, Manhattan, und 218 Bedford Avenue, Brooklyn

6 CROSSROADS TRADING CO €€
Ankauf-Verkauf mit riesiger Auswahl an Klamotten. Designerlabel z. B. von Gucci, Rag and Bone, Rebecca Minkoff, Alice & Olivia, Burberry, Helmut Lang. Im Flatiron District und in Williamsburg.
24 W. 26th Street, Manhattan, und 135 N 7th Street, Brooklyn

7 DSW €€
Schuhparadies am Union Square: Stöbern Sie nach Herzenslust in diesem Kaufhaus mit reduzierten Designerschuhen und -accessoires!
40 E 14th Street, Manhattan

8 NORDSTROM RACK €€
Wo Stil auf Schnäppchen trifft: Ramschware aus den Beständen der großen US-amerikanischen Kauf- und Versandhauskette am Union Square. Es gibt nichts, was es hier nicht gibt!
60 E 14th Street, Manhattan

9 A SECOND CHANCE DESIGNER RESALE €€€
Eine Fundgrube, prall gefüllt mit Vintage-Designerware, stylisch und luxuriös: Kleidung, Schuhe, Schmuck, Handtaschen und Accessoires von Chanel, Hermès, Louis Vuitton, Celine, Chloe, Prada etc. Auf der Upper East Side und in SoHo.
1111 Lexington Avenue und 155 Prince Street, Manhattan

10 CENTURY 21 €€
Beliebtes und trendiges Kaufhaus, ein Mekka für Modefreaks mit kleinem Geldbeutel: stark reduzierte Marken- und Designerkleidung, neben Schuhen und Accessoires auch Spielzeug, Kosmetik und Haushaltswaren.
22 Cortland Street und 1972 Broadway, Manhattan

11 MICHAEL'S €€€
Stolze Preise, aber immer noch günstiger als die aktuellen Kollektionen in den Boutiquen der Upper East Side: Designerlabel wie Chanel, Gucci oder Prada. Die meisten Stücke hier sind noch keine zwei Jahre alt.
1041 Madison Avenue, Manhattan

12 DAVE'S NEW YORK €
Die billigsten Levi's in Town! Jeans für Frauen, Männer, Kinder, alle Schnitte, außerdem Schuhe, Parkas, Hemden, T-Shirts ...
581 Avenue of the Americas, Manhattan

13 FAMILY JEWELS €€€
Schöner Retro-Shop im Herzen von Chelsea, zeitlose Mode und Accessoires für Frauen und Männer – von der Jahrhundertwende bis zu den frühen Achtzigern!
130 W 23rd Street, Manhattan

14 PIPPIN €€
Einzigartige Shopping-Erfahrung in Chelsea: Hier wird in ruhiger, entspannter Atmosphäre zauberhafter Antik-Schmuck angeboten. Werfen Sie einen Blick in die Schmuckkästchen der Großmütter.
112 W 17th Street, Manhattan

15 BROOKLYN FLEA MARKET €€
Ein Paradies für Flohmarktfans auf der Suche nach seltenen Stücken! Verschiedene Wochenend-Flohmärkte und Hunderte von Ständen: Williamsburg Flea, Park Slope Flea und Fort Greene Flea Market, legendär auch der kulinarische Smorgasburg-Markt ...
www.brooklynflea.com

2
3
11
4
13
14
12
7
8
6
5
9
1
10
15
GREYGOUAR

32 ALLES DREHT SICH ...

Echte Kenner haben es immer schon gewusst: Ist der elektronische Sound über Datenträger auch noch so vollkommen, es ersetzt doch nichts den Charme der guten alten Vinylschallplatte. Ob Sie einfach nur neugierig oder mit Leidenschaft auf der Suche nach Raritäten sind: In den staubigen Lädchen Brooklyns, im East Village und im Greenwich Village werden Sie bestimmt fündig.

❶ BLACK GOLD RECORDS €€
Im ausgefallenen Ambiente des Shops einen Kaffee trinken und in aller Ruhe das Schallplattensortiment durchstöbern: Hier gibt es buchstäblich Tausende alter Scheiben sämtlicher Musikgenres.
461 Court Street, Brooklyn

❷ ROUGH TRADE €€
Den berühmten englischen Schallplattenhändler gibt es auch in Brooklyn: eine überwältigende Auswahl an LPs, aber auch MP3s und CDs, dazu coole Musiktipps vom Staff.
64 N 9th Street, Brooklyn

❸ TURNTABLE LAB €€
Ultimatives DJ-Eldorado: der Fachhandel für Zubehör jeder Art, eine Top-Auswahl an Platten und Hi-Fi-Anlagen und ein ultrakompetentes, erfahrenes Verkaufsteam – »The Lab Zeitgeist«.
120 E 7th Street, Manhattan

❹ GENERATION RECORDS €€♥
In der Nähe vom Washington Square: wertvolle und seltene Alben. Mitorganisatoren des jährlich im April stattfindenden »Record Store Day«, an dem Szenefreaks stundenlang fachsimpeln und Musik hören.
210 Thompson Street, Manhattan

❺ NORMAN'S SOUND AND VISION €€
Best of Rock – und Platten ab einem Dollar pro Stück! Ursprünglich ein alteingesessener Plattenladen im East Village, der 2012 nach Williamsburg gezogen ist.
555 Metropolitain Avenue, Brooklyn

❻ OTHER MUSIC €€
Die Plattenverkäufer wissen, wovon sie sprechen, wenn es um Raritäten, Underground und experimentelle Musik geht: Sie suchen Ihnen garantiert die abgefahrensten Stücke raus!
15 E 4th Street, Manhattan

❼ ACADEMY RECORDS & CDS €€♥
Einer der besten Plattenhändler New Yorks mit der größten Auswahl an LPs, CDs und DVDs im Flatiron District, zugleich ein Movie Store mit An- und Verkauf.
12 W 18th Street, Manhattan

❽ A1 RECORDS €€
Seit Mitte der Neunziger im Geschäft, An- und Verkauf von Vinylplatten aus allen Genres: Rock, Jazz, Soul, House, HipHop, Disco, Techno, Latin, Reggae, Calypso, African, Indian, Sound Tracks, Avantgarde, Electronic und mehr.
439 E 6th Street, Manhattan

❾ GOOD RECORDS NYC €€€
Kaufen und Verkaufen: Dieser Stern am Plattenhimmel im East Village leuchtet seit 2005 sehr hell. Vintage-Vinyl von den Fünfzigern bis heute. Jazz, Soul, Rock, Funk, Disco, Rap, House. Großes internationales Sortiment von Afrika über Brasilien und Lateinamerika bis zur Karibik.
218 E 5th Street, Manhattan

❿ DEADLY DRAGON SOUND SYSTEM €€€
Der Reggae-Tempel im Herzen von Chinatown schlechthin, gegründet 1995 in Chicago und seit 1998 in New York. Fantastische Auswahl seit den Anfängen des Ska in Jamaica.
102 Forsyth Street, Manhattan

⓫ HUMAN HEAD RECORDS €
Bushwick: Bestand von mehr als 5000 Discs und Vinylplatten, neue und gebrauchte. An- und Verkauf, sympathisches Ambiente!
168 Johnson Avenue, Brooklyn

⓬ THE THING €
Willkommen in der Höhle Ali Babas: sehenswertes Souterrain-Ladenlokal und absolute Fundgrube für Raritäten. Riesiges Angebot von Vintage-Vinyl. Nehmen Sie sich genug Zeit für einen Besuch.
1001 Manhattan Avenue, Brooklyn

⓭ CO-OP 87 RECORDS €€
Seit 2011 in Greenpoint: Das winzige Geschäft ist super sortiert und mit grandioser Musik vollgestopft!
87 Guernsey Street, Brooklyn

⓮ EARWAX RECORDS €€
Ein exzellentes Sortiment elektronischer Musik. Earwax hat wesentlich zur kulturellen Renaissance von Williamsburg beigetragen, die in den frühen Neunzigern begann.
167 N 9th Street, Store 2, Brooklyn

⓯ HALCYON THE SHOP €€
Sehr sympathisch: Hoffnungslos verschrobene Musik-Nerds mit einem Riesenangebot an Underground-Musik. »Real Brooklyn DJs serving real music to real people since 1999«.
57 Pearl Street, Brooklyn

1
2
3
4
5
6
7
8
9
10
11
12
13
14
15
ICINORI

33 EINMAL RUND UM DIE WELT

Mit der Subway von Kontinent zu Kontinent: China beginnt in der Canal Street, nach Senegal führt die 116th Street, Russland liegt am Brighton Beach und Italien in der Bowery. Die große kulturelle Vielfalt New Yorks macht es möglich, durch die Welt zu reisen, ohne die Stadt zu verlassen – und das zum Preis eines U-Bahn-Tickets!

1 PEARL RIVER €€
Riesiges Asia-Kaufhaus mit sehenswertem Interieur in SoHo. Hier bekommt man neben schöner chinesischer Keramik von Kleidung über Deko, Möbel und Tee bis zu Instrumenten auf drei Etagen praktisch alles! Und vielleicht ist ja auch das ultimative Karnevals-Outfit für die nächte Session dabei!
477 Broadway, Manhattan

2 HUNG CHONG IMPORT €
Chinatown: Chinesischer Großhändler, der die Restaurants mit dem nötigen Küchenequipment ausstattet: Woks, Suppenterrinen, Pfannen, Messer ...
14 Bowery Street, Manhattan

3 CASA LATINA MUSIC SHOP €€€
Mitten in Spanish Harlem: tolle lateinamerikanische Musik! Neben CDs, DVDs und Videos gibt's hier auch Percussion-Instrumente, Gitarren, nette Accessoires wie Ohrringe oder Schlüsselanhänger und coole Puerto-Rico-Jacken aus Leder oder Satin ...
151 E 116th Street, Manhattan

4 RAICES DOMINICANAS CIGARS €€
Handgedrehte Zigarren in East Harlem – direkt aus der Dominikanischen Republik!
2250 1st Avenue, Manhattan

5 MALCOLM SHABAZZ HARLEM MARKET €€
Afrikanisches Kunsthandwerk, Textilien, Trommeln, Schmuck, Körbe etc. aus dem Senegal, Nigeria, Kenia und Ghana. Eine exzellente Adresse für Dreadlocks, Braids, Cornrows, Crochets ...
52 W 116th Street, Manhattan

6 YARA AFRICAN FABRICS €
Eine überwältigende Auswahl an Stoffen und Kleidung – Direktimport aus Afrika! Alles aus 100 % Baumwolle. Sie können auch Maßanfertigungen bestellen und dabei aus einem riesigen Fundus an fröhlich-bunten Stoffen wählen.
2 W 125th Street, Manhattan

7 SURMA – THE UKRAINIAN SHOP €€
Kunsthandwerk aus der Ukraine: Stoffe, Teppiche, Porzellan, Keramik, Ikonen und handgeschmückte Eier, sog. Pysanki. So lange es die Kunst der Pysanka gibt, besagt eine ukrainische Legende, so lange dreht sich die Welt.
11 E 7th Street, Manhattan

8 ALLEVA €€♥
Little-Italy-Reminiszenz: authentisches italienisches Geschäft aus dem Jahr 1892 und ein wahres Käseparadies! Außerdem erlesene Antipasti, Pasta, Oliven ...
188 Grand Street, Manhattan

9 HONG KONG SUPERMARKET €
Sehenswerter asiatischer Supermarkt mit ebenso sehenswerter Website: www.hk-supermarket.com.
157 Hester Street, Manhattan

10 AJI ICHIBAN €
Chinatown: Snackparadies mit kandierten exotischen Früchten, japanischen Salz-Crackern, Gummihühnerfüßen ... Originell, bunt und zum Probieren vorab in kleinen Schälchen zum Verkosten.
37 Mott Street, Manhattan

11 DEAN & DELUCA €€€♥
Eine Institution in SoHo: Italienische Gourmetprodukte in einem schönen Haus am Broadway. Acht weitere Filialen in den USA.
560 Broadway, Manhattan

12 MITSUWA MARKETPLACE IM SUNRISE MART €€♥
Grüntee-Eis, Feuerbohnenkuchen – ein Markt, der vom Fleck weg nach Tokio entführt ...
4 Stuyvesant Street, Sunrise Mart, 2nd Floor, Manhattan

13 KALUSTYAN'S €€♥
Seit 1944: Mehr als 4000 Arten von Kräutern, Gewürzen und exotischen Produkten aus der ganzen Welt
123 Lexington Avenue, Manhattan

14 SAHADI'S €
Das Brooklyner Traditionsgeschäft mit libanesischen Wurzeln führt Nüsse, Trockenfrüchte, Gewürze, diverse Reissorten, Bohnen, Linsen und noch vieles mehr.
187 Atlantic Avenue, Brooklyn

15 BANGKOK CENTER GROCERY €
Premjit or Nong verkauft ausgezeichnetes Thai-Food: frisches Gemüse, frische Currypasten, Saucen, Snacks und andere asiatische Köstlichkeiten. Außerdem führt er schöne Thai-Kochbücher, also: »buy Thai!«
104 Mosco Street, Manhattan

Casa Latina
MUSIC SHOP
RUBIO RECORDS DIST. CORP.
TENDER BUTTONS
VILLAGE CHESS SHOP
ALLEVA
Pearl River
HiBAN
MARION ALFANO

34 BLING-BLING €€€€

Die Fifth Avenue, eine der bekanntesten und teuersten Straßen der Welt, ist Luxusmeile und gigantisches Schaufenster zugleich. Vom Central Park bis zum Flatiron Building reihen sich die Residenzen der Multimillionäre, die Haute-Couture-Geschäfte und Edel-Juweliere nahezu lückenlos aneinander. Und das luxuriöse Angebot beschränkt sich nicht auf die Fifth Avenue, sondern prägt auch Midtown Manhattan entscheidend.

1 MACY'S

Gegründet 1858, seit 1902 an seinem heutigen Platz zwischen Broadway und 7th Avenue, gilt Macy's als größtes Kaufhaus der Welt. Es ist darüber hinaus berühmt für die extravagante Thanksgiving-Parade, die es jedes Jahr ausrichtet. Gründer Roland Macy erfand übrigens die Weihnachtsmänner als Verkaufshilfen!
151 W 34th Street, Manhattan

2 TIFFANY & CO

Juwelier und Kaufhaus für Luxusobjekte, das spätestens nach dem Film »Frühstück bei Tiffany« und Audrey Hepburns sehnsüchtigem Blick auf die funkelnden Schaufensterauslagen zur Institution wurde.
727 5th Avenue, Manhattan

3 TIME WARNER CENTER

Riesiger, multifunktionaler Wolkenkratzerkomplex aus Glas: Neben Büros, TV-Studios, Konzerthalle, Wohnungen, Restaurants etc. gibt's hier auch ein schickes Einkaufszentrum mit Edelboutiquen und im Untergeschoss einen gigantischen Bio-Supermarkt.
10 Columbus Circle, Manhattan

4 SAKS FIFTH AVENUE

Sehr schickes, sehr traditionsbewusstes und sehr teures Kaufhaus. Hat angeblich die beste und exklusivste Parfümabteilung des Kontinents.
611 5th Avenue, Manhattan

5 BARNEYS NEW YORK

Die Crème-de-la-Crème-Kollektionen der Top-Labels für echte Fashionistas mit viel Geld. Hier einzukaufen sei, so sagt Sarah Jessica Parker, eine dekadente Belohnung für viel Arbeit.
660 Madison Avenue, Manhattan

6 DE BEERS

»Moments in Light«: Rubine, Smaragde und Diamanten – Nobeljuwelier, berühmt für seine exklusiven Hochzeitsringe. Da sagt man doch gerne »Ja!« ...
703 5th Avenue, Manhattan

7 BERGDORF GOODMAN

Das Luxuskaufhaus hat jedes Jahr die schönste weihnachtliche Schaufensterdekoration der Stadt: acht Etagen megatrendige, exklusive Designerware von Labeln wie Tom Ford oder Chanel. Auf der gegenüberliegenden Straßenseite gibt's das Pendant für Männer.
754 5th Avenue, Manhattan

8 HERMÈS

Französische Luxusmarke, gegründet im Jahr 1837 als Sattlerei von einem gebürtigen Krefelder: Luxusmodeartikel und hochpreisige Lederwaren.
691 Madison Avenue, Manhattan

9 GUCCI

Gegründet 1921 in Florenz von Guccio Gucci. Eine von drei New Yorker Adressen des berühmten italienischen Unternehmens liegt an der 5th Avenue. Mode und Accessoires im Luxusgütersegment.
725 5th Avenue, Manhattan

10 LOUIS VUITTON

Vom armen Kofferhersteller zum berühmten Pariser Luxuswarenhändler seit 1854 – hört sich fast wie die berühmte amerikanische Tellerwäschergeschichte an ... New York Saks ist eine der drei prominenten Vuitton-Adressen in Manhattan.
1 E 57th Street 5th Avenue, Manhattan

11 PRADA

»Der Teufel trägt Prada«: Das italienische Top-Label – gegründet in Mailand, Leder- und Modewaren, exklusiv und edel – feierte 2013 sein hundertjähriges Bestehen.
724 5th Avenue, Manhattan

12 CHANEL

Achten Sie auf die berühmten ineinander verschlungenen ›Cs‹ der Coco Chanel, deren Karriere 1910 mit Hutkreationen begann und die bis heute mit Finesse, Stil, Extravaganz und Savoir-vivre assoziiert wird.
15 E 57th Street, Manhattan

13 SALVATORE FERRAGAMO

Vom armen Schuster zum prominenten Schuhdesigner: eine Erfolgsgeschichte, die im frühen 20. Jahrhundert begann und vom Südwesten Italiens über Boston bis Hollywood und dann wieder nach Italien führte ...
Trump Tower, 655 5th Avenue, Manhattan

14 DIOR

»Your dresses have such a new look!« Modeschöpfer Christian Dior revolutionierte ab 1946 die Damen-Haute-Couture – *très, très chic.*
21 E 57th Street, Manhattan

15 MANOLO BLAHNIK BOUTIQUE

Auch Madonna, Jennifer Aniston und Winona Ryder schätzen die ausgefallenen Schuhkreationen des von der Kanareninsel La Palma stammenden, spanisch-tschechischen Schuhdesigners.
31 W 54th Street, Manhattan

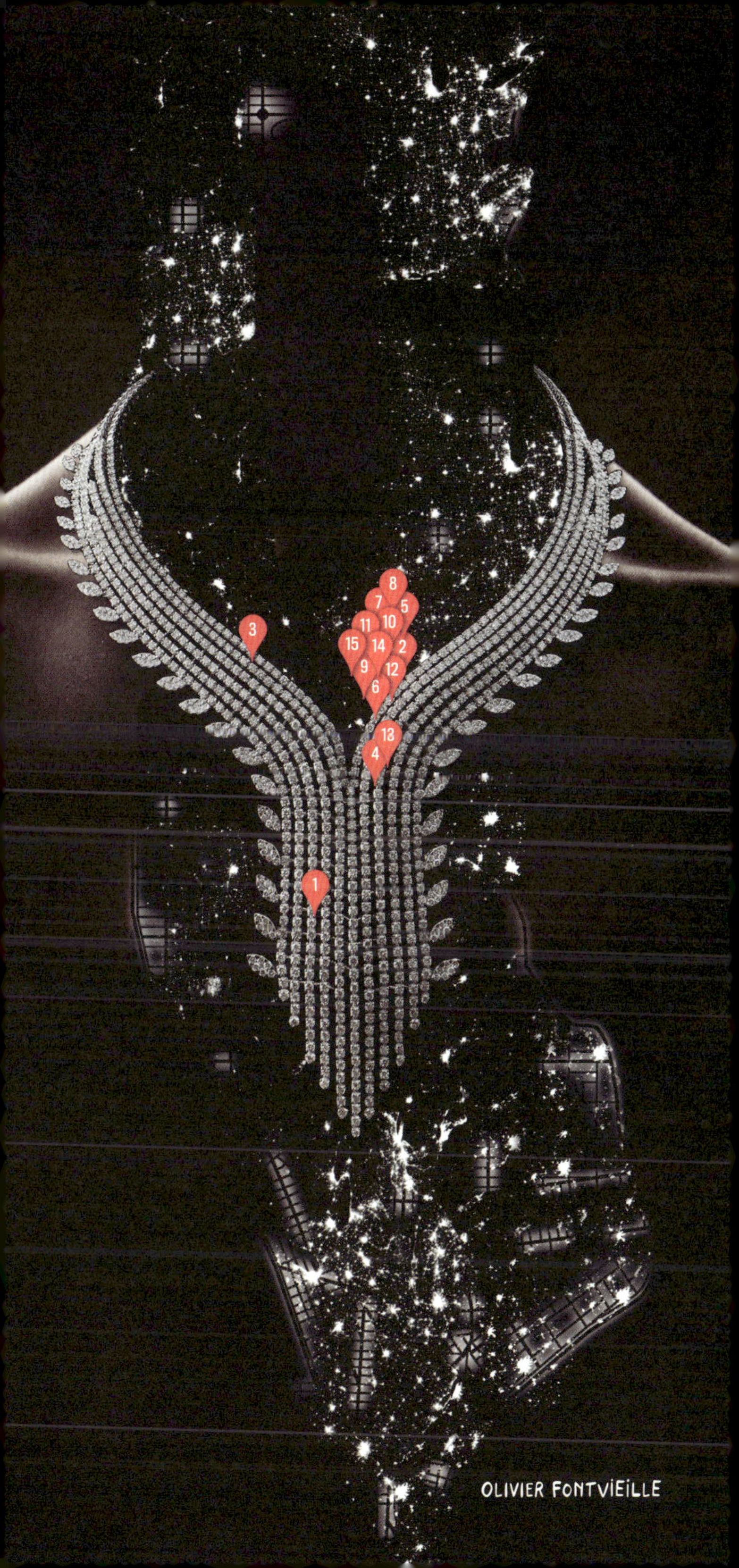
8
7
5
11
10
3
15
14
2
9
12
6
13
4
1
OLIVIER FONTVIEILLE

35 STERNENHIMMEL ÜBER NEW YORK

Sterne gibt's hier nicht nur auf der Flagge: Mit mehr als 70 Sterne-Restaurants spielt New York bei den vom Guide Michelin bestplatzierten Städten ganz vorne mit und ist fraglos die Nummer eins in puncto kulinarischer Vielfalt. Ob japanische, mexikanische, französische oder innovative Fusion-Küche, begeben Sie sich auf eine Reise mit außergewöhnlichen Geschmackserlebnissen. Qualität und Innovation werden bei den internationalen Starköchen der Stadt groß geschrieben, was sie allabendlich unter Beweis stellen.

1 PER SE €€€€♥
Trüffel und Foie Gras. Chefkoch Thomas Keller, ein Kalifornier, ist Amerikas berühmtester Küchenchef, perfekt und routiniert.
10 Columbus Circle, Manhattan

2 LE BERNARDIN €€€
Fisch und Meeresfrüchte. Chefkoch Éric Ripert ist ein französischer Maître Cuisinier aus Antibes, der sich unkomplizierten Gerichten ohne Schischi verschrieben hat, die weder Trends noch Moden unterliegen. Für ihn zählt alleine der Geschmack.
155 W 51st Street, Manhattan

3 JEAN-GEORGES €€€
Französische Küche mit scharfem asiatischem Akzent. Chefkoch Jean-Georges Vongerichten, gebürtiger Belgier, ist ein Paul-Bocuse-Schüler.
Trump International Hotel & Tower, 1 Central Park W, Manhattan

4 MASA €€€€♥
Traditionelle japanische Küche. Die Werke von Chefkoch und Sushimeister Masa Takayama kosten pro Person etwa 370 $, ohne Getränke versteht sich. Das Masa gilt als das drittteuerste Restaurant der Welt - das ist vorab wichtig zu wissen.
10 Columbus Circle, Manhattan

5 DANIEL €€€
Saisonale französische Küche - Chefkoch Daniel Boulud ist Exilfranzose aus Lyon, gewann als 15-Jähriger den ersten Preis für seine Kochkünste und zählt heute zur Riege der amerikanischen Top-Köche.
60 E 65th Street, Manhattan

6 ELEVEN MADISON PARK €€€€
Traditionelle New Yorker Küche auf der Basis ausgezeichneter regionaler Produkte. Chefkoch Daniel Humm begeistert durch das grandiose Zusammenspiel von Aromen und Texturen. Seine Küche wird als fantasievoll, aber ungekünstelt, schlicht, aber herausragend gelobt.
11 Madison Avenue, Manhattan

7 CHEF'S TABLE AT BROOKLYN FARE €€€€
Fisch und Meeresfrüchte. Chefkoch Cesar Ramirez ist gebürtiger Mexikaner; seine Küche kennzeichnet eine geniale Mischung aus japanischem Purismus und französischem Küchenhandwerk.
200 Schermerhorn Street, Brooklyn

8 ATERA €€€
Amerikanische Küche neu interpretiert, die alle Sinne anspricht. Bereits sechs Monate nach der Eröffnung 2013 hatte sich das Restaurant zwei Michelin-Sterne erkocht. Chefkoch Ronny Emborg stammt aus Dänemark und wird auch als »der skandinavische Keanu Reeves der Küche« bezeichnet, der sich auf das Wesentliche beschränkt.
77 Worth Street, Manhattan

9 BIANCA €€
Italienisch inspirierte Küche vom Feinsten. Nur zwölf Gäste finden an der Bar Platz und haben direkten Einblick in die offene Küche, in der das Team von Chefkoch Carlo Mirarchi genau weiß, was es tut.
5 Bleecker Street, Manhattan

10 ICHIMURA €€€
Chefkoch Eiji Ichimura serviert Sushi vom Feinsten und zwar für 150 $ pro Person. Wer diese bittere Pille schluckt, wird mit den wohl besten Sushi New Yorks belohnt.
30 Hudson Street, Manhattan

11 AQUAVIT €€€♥
Das erste skandinavische Restaurant der Stadt liegt im Herzen von Manhattan. In der Küche hört alles auf eine Frau: die Schwedin Emma Bengtsson.
Park Avenue Tower, 65 E 55th Street, Manhattan

12 JUNGSIK €€€
Chefkoch Jung Sik Yim interpretiert die koreanische Küche sehr modern.
2 Harrison Street, Manhattan

13 THE MUSKET ROOM €€€
Neuseeländisch inspirierte Küche. Chefkoch Matt Lambert verbindet alte Traditionen geschickt mit asiatischen Einflüssen.
265 Elizabeth Street, Manhattan

14 CASA ENRIQUE €€
Erstes mexikanisches Sternerestaurant. Chefkoch Cosme Aguilar hat sich nach einem Abstecher in die französische Küche in der Casa Enrique wieder auf seine Wurzeln besonnen und kocht traditionell mexikanisch, z. T. nach Familienrezepten.
5-48 49th Avenue, Long Island City

15 M. WELLS STEAKHOUSE €€€
»Steakhouse 2.0« mit franko-kanadischen Spezialitäten vom Montrealer Chefkoch Hugue Dufour.
43-15 Crescent Street, Long Island City

1
2
3
4
5
6
7
8
9
10
11
12
13
14
15
MIGUEL MONTANER

36 EIN HAPPEN FÜR ZWISCHENDURCH

Pizza, Hamburger, Hot Dog und Bagel - die Liste internationaler Spezialitäten, die heute ganz selbstverständlich zum kulinarischen Angebot der Stadt gehören, ist unendlich. Vorausgesetzt, Sie sind kein Kostverächter und pfeifen auch mal auf die Kalorien, finden Sie in New York überall und jederzeit Gelegenheit, einen Happen zu essen oder eine gute Ausrede, sich doch noch mal an den Tisch zu setzen ...

1 CUPPING ROOM CAFE €€
Traditionelle amerikanische Küche (Pancakes, Muffins, Toasts, Omelettes, Rührei, ›dicke‹ Pommes) und ein gemütliches Ambiente im Herzen von SoHo. Hier darf das Frühstück gerne etwas länger dauern oder Sie bleiben gleich zum Lunch sitzen und schlürfen zwischendrin noch den Café Latte aus den großen Bowls ...
359 W Broadway, Manhattan

2 TRIBECA GRILL €€€ 👁
In diesem typischen New Yorker Fleischrestaurant sind Sie bei Robert De Niro zu Gast - kein Wunder, dass die Promidichte im Restaurant recht hoch und das Preisniveau nicht niedrig ist! Dafür bekommen Sie Ihr Steak aber auch *à point*. Außerdem eine ausgezeichnete Weinkarte!
375 Greenwich Street, Manhattan

3 KATZ'S DELICATESSEN €€ 👁 ♥
Ältestes und authentischstes Deli der Stadt, in dem die legendäre Szene im Film »Harry und Sally« spielt, in der Meg Ryan einen Orgasmus simuliert. Kult war Katz aber schon vorher! Besonders berühmt ist es für seine Pastrami-Sandwiches, saftiges Roast Beef und gefüllte Teigtaschen *(knishes)*.
205 E Houston Street, Manhattan

4 SYLVIA'S €€ ♥
Die Adresse in Harlem schlechthin für wunderbares Soul Food aus den Südstaaten - schließlich steht hier die »Queen of Soul Food« am Herd, Sylvia Woods. Lecker: Spareribs und Chicken Wings. Am Sonntag Gospel Sessions (bitte anmelden).
328 Malcolm X Boulevard, Manhattan

5 KITCHENETTE RESTAURANT €€
Berühmtes Brunch-Lokal im Herzen Harlems: Ann und Lisa eröffneten ihre erste Kitchenette 1994. Frisch, gemütlich, hell, freundlich und lecker - all das trifft hier zu. Und die Milkshakes sind ein Traum.
1272 Amsterdam Avenue, Manhattan

6 CAFFÈ STORICO €€€
Das hübsche italienische Café, das zum New York Historical Society Museum gehört, ist bekannt für seinen guten Brunch und das leckere Frühstück.
170 Central Park W, Manhattan

7 UMAMI BURGER €€
Lust auf einen unverschämt leckeren Burger in Greenwich Village? Das Original etwa mit gebratenen Tomaten, Parmesan, Shiitakepilzen, karamellisierten Zwiebeln und hausgemachtem Ketchup, aber auch der Burger mit Trüffeln lohnen das Reinbeißen!
432 6th Avenue, Manhattan

8 ESS-A-BAGEL € ♥
Die besten Bagel von Manhattan: Sesam, Salz, Zwiebel, Haferkleie, Körner, Zimt-Rosinen, Pumpernickel ... Man sollte allerdings auf die lange Schlange vor dem Laden eingerichtet sein.
831 3rd Avenue, Manhattan

9 PETE'S TAVERN €€
Alte italienische Bar, die in Zeiten der Prohibition illegal war und sich ihren Nachbarschafts-Touch erhalten konnte. Heute bekannt für ihren Brunch und die Gemüse-Rindfleisch-Suppe, vor allem aber für die langen Barabende.
129 E 18th Street, Manhattan

10 PATSY'S €€
Eine Institution in Spanish Harlem: Hier gibt's seit 1933 die köstlichsten Pizzen der Stadt!
2287 1st Avenue, Manhattan

11 JULIANA'S PIZZA €€
Im historischen Fulton Ferry District, flankiert von der Brooklyn Bridge, liegt Patsy's zweite Pizzeria mit fantastischem Pizzateig, einem der besten New Yorks!
19 Old Fulton Street, Brooklyn

12 JDI FARA PIZZERIA €€
Eldorado für Pizzafreaks: Hier ist jede Pizza ein Unikat und wird Gast für Gast individuell angefertigt!
1424 Avenue J, Brooklyn

13 ABSOLUTE BAGELS €
Lassen Sie sich von dem unscheinbaren Interieur bloß nicht täuschen: Die Bagels hier sind ein absoluter Hit! Darauf weist auch die Schlange vor dem Lädchen hin.
2788 Broadway, Manhattan

14 BAREBURGER €€
Diese trendige Restaurantkette gibt es seit dem Jahr 2009 und an den inzwischen 23 Standorten im Land macht sie Furore - mit Öko-Burgern, Biogemüse, Fairtrade-Philosophie und umweltpolitischen Ambitionen!
535 LaGuardia Place & Bleecker Street, Manhattan

15 LOMBARDI'S €€
Die älteste Pizzeria der Stadt: Hier wurde 1897 nicht nur die ›New York Style Pizza‹ geboren, also mit sehr dünnem Boden und der italienischen sehr ähnlich, nein, es gibt auch bis heute die berühmten hausgemachten Hackfleischbällchen und Muschelpasteten à la Lombardi.
32th Spring Street, Manhattan

COFFEE
MUFFINS
CHEESE
CHEDDAR
MILKSHAKE
BURRATA AND
AUTUMN SQUASH
MUSHROOMS
SOUP
PICKLED BEETS
OYSTERS
5
4
10
13
6
8
9
7
14
3
15
1
2
11
12
SARAH A. KING

37 ALLES BIO IM FAST-FOOD-LAND!

Exotische Kräuter und Gewürze fürs Essen daheim, Biobrot und -gemüse für ein Picknick oder auch nur, um unterwegs etwas zu picken zu haben, während man die Stadt durchstreift: Es gibt in New York so unglaublich viele gut sortierte Geschäfte, Bioläden und Wochenmärkte, dass Sie jederzeit fündig werden, was auch immer Sie zu Ihrem Glück brauchen!

1 TO THE WORLD FARM €
Gemüse, Obst und frische Produkte zu absolut fairen Preisen, mit toller Saftbar und ausgesprochen freundlichen Angestellten!
655 Grand Street, Brooklyn

2 GARDEN OF EDEN GOURMET €€♥
Dieser Supermarkt hat eine unglaubliche Auswahl an Bioprodukten – seien Sie beim Besuch vorsichtig, sonst sind Sie hinterher arm! Lebensmittel, Metzgerei, Bäckerei, Milchprodukte, Obst & Gemüse, Sushi ...
162 W 23rd Street, Manhattan

3 UNION SQUARE GREENMARKET €€
Beliebtester Bio-Supermarkt der Stadt, hat dienstags, donnerstags und sonntags geschlossen. Mehr als 140 Verkäufer sind behilflich, bei der riesigen Produktpalette den Überblick zu behalten. Besonders nett: die Kochshows und Probierstände.
1 Union Square W, Manhattan

4 WHOLE FOODS MARKET €€
Gehört zu der bekannten Bio-Supermarkt-kette mit allein sechs Filialen in Manhattan. Rundum konsequent ökologischer Ansatz mit riesiger Produktpalette, zu der auch Beauty- und Körperpflegeprodukte gehören.
4 Union Square S, Manhattan

5 WESTERLY NATURAL MARKET €€
Kräutertheke, Suppenküche und wahre Berge von Biogemüse und -obst; außerdem hautfreundliche Körperpflegeprodukte.
911–915 8th Avenue, Manhattan

6 AGATA & VALENTINA €€€
Verführerisches italienisches Feinkostgeschäft mit ausgezeichneten Sandwiches und hausgemachten Pasteten. Die überbordende Meeresfrüchtetheke und das Hummerbecken sind mehr als einen Blick wert! Fischliebhaber bekommen hier auch andernorts kaum zu findende Raritäten.
1505 1st Avenue, Manhattan

7 ZABAR'S €€👁
Einer der ältesten und schönsten Feinkostläden Manhattans und eine wahre Fundgrube für Feinschmecker! Die verschiedenen Theken biegen sich unter dem üppigen Angebot.
Wer mag, kann hier auch frühstücken: Sandwiches, Bagels, Wraps, alles von ausgezeichneter Qualität und gar nicht so teuer. Die Gefahr, hier zum Wiederholungstäter zu werden, ist allerdings groß ...
2245 Broadway, Manhattan

8 TRADER JOE'S €
Die neue US-amerikanische Kultmarke ist Vorreiter-Shop und Aushängeschild der Öko- und Bioszene zugleich. Dieser Discount-Supermarkt, hinter dem übrigens die Aldi-Kette steht, ist unter Amerikas Ökokonsumenten der letzte Schrei! Man merkt es gleich, die Warteschlange ist lang.
2073 Broadway, Manhattan

9 BEST MARKET €€
Das beste Angebot an qualitativ hochwertigen Produkten in Harlem. Der Fokus liegt auf frischen Produkten: Fleisch, Seafood, Käse, Backwaren etc. Mit Deli.
2187 Frederick Douglass Boulevard, Manhattan

10 SERENGETI TEAS & SPICES €€
Anspruchsvolles Sortiment an Tees aus aller Welt mit dem Schwerpunkt auf afrikanischen Erzeugnissen in klarem, freundlichem Ambiente. Bei einer Teezeremonie (bitte reservieren) können Sie sechs bis zehn Tees aus dem Sortiment probieren.
2292 Frederick Douglass Boulevard, Manhattan

11 SUN'S ORGANIC TEA SHOP €€♥
Die Atmosphäre in diesem Shop ist von der warmherzigen Art der Besitzer geprägt. Es gibt eine umfangreiche Auswahl an losem Tee, den man sich je nach Wunsch in Tüten abpacken lässt.
79 Bayard Street, Manhattan

12 SMORGASBURG €€👁
Im Frühjahr und Sommer einer der besten Märkte mit regionalen Produkten in Brooklyn. Und wer Hunger hat: fantastische Auswahl an den mehr als 100 Ständen mit Essen aus aller Welt!
90 Kent Avenue (samstags), Pier 5, Brooklyn Heights Promenade (sonntags), Brooklyn

13 TINO'S DELICATESSEN €
Ein feiner kleiner nostalgischer Tante-Emma-Laden, seit mehr als 50 Jahren in der Bronx!
2410 Arthur Avenue, Bronx

14 ARTHUR AVENUE RETAIL MARKET €€
Ein hinreißender italienischer Markt, versteckt im Little Italy der Bronx, der als authentischer gilt als sein Pendant in Downtown Manhattan.
2321 Hughes Avenue, Bronx

15 KATAGIRI JAPANESE GROCERY €€👁
Das älteste japanische Lebensmittelgeschäft der USA. Donnerstags mit großem Seafood-Angebot.
224 E 59th Street, Manhattan

MARIE ASSÉNAT

38 IM SCHLARAFFENLAND

Es regnet. Nutzen Sie die Zeit und kosten Sie sich durch die süßen Verlockungen der Stadt: Zuckerzeug, Schokolade, Muffins, Buttercreme- und Sahnetorten. New Yorks Extravaganz spiegelt sich nicht nur in der Architektur wider, sondern auch in Oreo-Cupcakes mit Erdnussbutter, Red Velvet Cake, abgefahrensten Cookies und Brownies, die auf der Zunge zergehen. Hier kommt ein Spickzettel mit 15 Adressen, die Sie auf direktem Wege ins Schlaraffenland führen!

1 MAGNOLIA BAKERY €€
Hier gibt es die Lieblings-Cupcakes der Heldinnen aus »Sex and the City«. Aus der 20 Sekunden langen Szene, in der Carrie alias Sarah Jessica Parker einen Cupcake verzehrte, hat sich angeblich der US-weite Cupcake-Trend entwickelt!
200 Columbus Avenue, Manhattan

2 CAFE SABARSKY €€
Wiener Kaffeehaus in der Neuen Galerie, Wein aus der Wachau, traditionelle Wiener Schmankerln, herzhaft und süß; klassische Kaffeespezialitäten wie Einspänner, Wiener Melange ... Das Sabarsky ist ein beliebter Brunch-Treff der New Yorker.
1048 5th Avenue, Manhattan

3 LA BERGAMOTE €€
Französisch angehaucht: Patisserie und Bistro mit Quiches oder Croques zum Frühstück und anregender Speisekarte auch für zwischendurch. Kosten Sie bespielsweise mal die Madame-Pompadour-Torte mit Grand Marnier oder die Schokoladen-Concorde mit Mousse au chocolat ...
177 9th Avenue, Manhattan

4 ALMONDINE BAKERY €€
Patisserie à la Paris, leckere Obst-Tarte, Makronen, Muffins, Croissants ... und tolle Sandwich-Kreationen aus Biobrot im Stadtteil Dumbo.
85 Water Street, Brooklyn

5 FINANCIER PATISSERIE €€
Seit dem Jahr 2002 locken hier Éclairs und Schokocroissants, so viel das Herz begehrt - empfehlenswert! Propieren Sie auch die namengebenden Financiers, feines französisches Gebäck mit gebräunter Butter, Mandeln und Eiweiß.
62 Stone Street, Manhattan

6 MAX BRENNER €€
Aus Israel: Garant für die beste heiße Schokolade und die besten Desserts der Stadt!
841 Broadway, Manhattan

7 PASTICCERIA ROCCO €
Hier gibt's die legendären sizilianischen Cannoli mit süßer Ricottacremefüllung und kandierten Früchten, Kakao, Vanille oder Schokostückchen. Die Cannolis kann man übrigens auch in einem hübschen Tütchen erwerben und den Liebsten daheim mitbringen - wenn man es schafft, die Tüte bis zu Hause verschlossen zu halten ...
243 Bleecker Street, Manhattan

8 CAFE ANGÉLIQUE €
»The taste of Europe« - im Herzen von Greenwich Village, ein bis zwei Mal wöchentlich mit Live-Jazz! Bekannt für seinen ausgezeichneten Kaffee und die super leckeren Muffins. Gute Frühstücksadresse.
68 Bleecker Street, Manhattan

9 RICE TO RICHES €€
Hippe ›Desserterie‹, hippes Konzept: Spezialitäten auf der Basis von Milchreis in allen möglichen Geschmacksrichtungen und Farben in Little Italy! Um dem Ganzen die Krone aufzusetzen: Gegessen wird an reiskornförmigen Tischen.
37 Spring Street, Manhattan

10 BILLY'S BAKERY €♥
Von Apple Pie bis Red Velvet Cupcake - diese Konditorei ist ein Muss in Manhattan! Der in New York sehr geschätzte Red Velvet Cake ist übrigens ein Schichtkuchen mit Schokoladenaroma, der ursprünglich aus der Südstaatenküche kommt.
184 9th Avenue, Manhattan

11 LITTLE PIE COMPANY €€
Seit mehr als 30 Jahren im Viertel: handgemachte Kuchen aus den besten Zutaten. Konservierungsstoffe kommen hier nur über die Leiche des Bäckers in den Teig, sprich: gar nicht!
424 W 43rd Street, Manhattan

12 CAFE GRUMPY €
Nicht so missmutig, wie es der Name vermuten lässt: Das Grumpy ist ein kleines gemütliches Lokal, in dem es ganz wunderbar nach Kaffee duftet! Mit Rösterei.
224 W 20th Street, Manhattan

13 IRVIN FARM COFFEE ROASTERS €€
Typisches New Yorker Café in Gramercy, guter Kaffee, Tee, Sandwiches, Salate und belgische Waffeln (!) in relaxter Atmosphäre.
71 Irving Place, Manhattan

14 LEVAIN BAKERY €€ ♥
Pam und Connie backen seit 1994 die besten Cookies von ganz Manhattan - hier einzukaufen ist ein bisschen wie im Dorf, wo alle einander beim Vornamen kennen.
167 W 74th Street, Manhattan

15 MAKE MY CAKE €€
»Baking sweet memories« in Harlem: extravagante Torten in leuchtenden Farben - Lemon Butter, Red Velvet, Double Chocolate, Strawberry Layer, Coconut Pineapple ... Ein Fest für Auge und Gaumen.
121 St Nicholas Avenue, Manhattan

15
14
2
1
11
10
3
13
12
6
7
8
9
5
4
ÉRIC GIRIAT

39 EXOTISCHE GENÜSSE

Die Speisekarte von New York City ist so international wie seine Bevölkerung. Es gibt kein Nationalgericht, das im Big Apple nicht zu bekommen wäre. Von Tajine bis Phat Thai, von Tacos bis Wan Tans, von Croque-Madame bis Tapas - hier lassen sich die bodenständigsten ebenso wie die exotischsten Bedürfnisse nahezu rund um die Uhr nach Herzenslust stillen. Kommen Sie mit auf eine kulinarische Weltreise.

1 BALTHAZAR €€€♥
Berühmte französische Brasserie mit sehenswerter Ausstattung und eigener Bäckerei. Kein Wunder, dass das Brot hier hervorragend schmeckt.
80 Spring Street, Manhattan

2 KELLEY AND PING €€
Authentische chinesische Küche mit großzügigen Portionen, die sich klassischen Traditionen und der Straßenküche verschrieben hat. Genießen Sie auch die umfangreiche Auswahl an Tees in dieser schönen, herzlichen Atmosphäre.
127 Green Street, Manhattan

3 L'ÉCOLE €€€
Die Kunst des Kochens erlernen: Hier kommen Sie in den Genuss zu verkosten, was Schüler des French Culinary Institute zubereitet haben - ein heißer Tipp! Auf der Speisekarte stehen Klassiker wie Bœuf Bourguignon und Entenbrust, aber auch Experimentelles wie der Orangen-Olivenöl-Kuchen.
462 Broadway, Manhattan

4 LOCANDA VERDE €€€
Deftige, wohlschmeckende, italienische Küche in SoHo! Robert de Niro steht auf unprätentiöse italienische Gerichte ohne Schnickschnack - und erwarb daher gleich das ganze Lokal! Lecker: die Ravioli.
377 Greenwich Street, Manhattan

5 CAFÉ-GITANE €€
Französisch-marokkanische Spezialitäten in einem winzigen Café: Oliven aus Nizza oder Casablanca, Couscous mit scharfer Merguez-Wurst oder Hachis Parmentier (Hackfleischauflauf), Palmenherzen oder Minzjoghurt mit Humus - alles ist lecker und der Service sehr herzlich.
242 Mott Street, Manhattan

6 NOM WAH TEA PARLOR €€♥
In dieser netten Kantine im Herzen Chinatowns gibt es neben Dim Sums gedämpfte Garnelen-Wan-Tans, Rice Rolls, eine ausgeprochen leckere Lotuspaste und einen mit roten Bohnen gefüllten Mondkuchen.
13 Doyers Street, Manhattan

7 PEASANT €€€
Rustikales Restaurant mit gemauerten Wänden und einfachen Holtzischen in Little Italy. Das Ambiente ist einfach, schön und ungezwungen, und die toskanische Küche verspricht wahre Gaumenfreuden.
194 Elizabeth Street, Manhattan

8 LA ESQUINA CORNER DELI €€
Mexikanisches Bio-Essen (auch to go) und göttliche Margaritas, zum Frühstück gibt's ›Burrito de Nueva York‹ als Wrap. Die Tacos sind himmlisch!
114 Kenmare Street, Manhattan

9 SMÖRGÅS CHEF €€
Skandinavische Küche in ultragemütlichem Ambiente: Köttbullar (Fleischbällchen) mit Preiselbeeren, Rotkohl und Kartoffelpüree - sie haben übrigens auch eine vegetarische Variante -, frischer Lachs, Meeresfrüchte und Smörgås-Burger mit Blauschimmelkäse.
53 Stone Street, Manhattan

10 AMOR CUBANO €€
Bekanntes kubanisches Restaurant im Herzen von Spanish Harlem mit klassischer Küche. Abends geht hier mit leckeren Mojitos, guter Laune und kubanischer Livemusik die Post ab.
2018 3rd Avenue, Manhattan

11 TROPICAL GRILL & RESTAURANT €
Restaurant mit hervorragender dominikanischer Küche, worauf die lange Warteschlange schon einen Hinweis gibt.
2145 Adam Clayton Powell Jr Bouevard, Manhattan

12 MASSAWA €€
Spezialitäten aus Äthiopien und Eritrea, neben Fleisch- und Fischspezialitäten gibt es auch vegane und vegetarische Köstlichkeiten! Benannt nach der eritreischen Hafenstadt Massaua am Roten Meer.
1239 Amsterdam Avenue, Manhattan

13 BCD TOFU HOUSE €€♥
Kantine mit exzellentem koreanischem Essen. Neben der fleischlosen können Sie auch die nicht vegetarische Variante wählen. Die Gerichte sehen fantastisch aus und schmecken ebenso.
5 W 32nd Street, Manhattan

14 LA CAYE €€
Farbenfrohe, haitianische Küche mit großzügigen Portionen. Hervorragende Muscheln, kreolische Saucen, schwarzer Reis mit ungewöhnlichen Gewürzmischungen und Aromen.
35 Lafayette Avenue, New York

15 TAMARIND TRIBECA €€€♥
Einer der besten Inder der Stadt in neuer schicker Location in Tribeca!
99 Hudson Street, Manhattan

11
12
10
13
2
1
5
7
3
8
4
15
6
9
14
BENEDITA FEIJÓ

40 STREET FOOD

Hotdog, Sandwich oder Hamburger, halal oder kosher, heiß & fettig oder mega-gesund, preisgünstig und ohne Wartezeit - in New York muss alles schnell gehen, die Menschen hier sind immer in Eile. Deshalb sind Food Trucks in den Straßen des Big Apple längst zur Institution geworden. Sie erlauben, aus der Hand zu essen, die Headphones im Ohr, während des Konferenzgesprächs oder unterwegs zwischen zwei Rendezvous. Und dass Streetfood sehr viel mehr sein kann als ›nur‹ ein Hotdog, zeigt Ihnen unsere kleine Liste - schließlich kochen in dieser Stadt einmal im Jahr die Streetfood-Verkäufer mit dem Ziel um die Wette, den begehrten Streetfood-Oscar zu ergattern!

1 ESSEX STREET MARKET €
Ein riesiger Markt, der hungrige Mäuler mit 1940 Verkaufsbuden und Ständen lockt. Unbedingt empfehlenswert.
120 Essex Street, Manhattan

2 CALEXICO €
Die besten Burritos to go von ganz Manhattan.
Prince Street & Wooster Street, Manhattan

3 SHORTY'S ON WHEELS €€
Cheesesteaks wie in Philadelphia!
Gibt's an mehreren Orten in Manhattan: Fulton & Water Street, South Street Seaport oder 47th Street & Park Avenue

4 THE CINNAMON SNAIL € ♥
Hervorragende vegetarische mexikanische Küche!
Mehrere Orte in Manhattan: Fulton & Water Street, South Street Seaport oder 47th Street & Park Avenue, folgen Sie dem Wagen via Twitter @VeganLunchTruck

5 CORRADO BREAD AND PASTRY € ♥
Auf ein köstliches Sandwich zwischen zwei Museumsbesuchen! Und einen Brownie als Dessert.
960 Lexington Avenue, Manhattan

6 BIAN DANG €
Midtown East: Taiwanesisches Restaurant, Imbisswagen und Food Truck. Wie gut die wohl erste taiwanesische Streetfood-Adresse in den USA ankommt, beweisen die langen Warteschlangen.
53rd Street & Park Avenue, Manhattan

7 WAFELS & DINGES €
Alle Arten von Waffeln, die das Herz begehrt, serviert aus einem hübschen gelben Truck. Hübsch ist auch die Eigenwerbung: »All the world is a wafel and all of us are merely dinges!«
Mehrere Orte in Manhattan, folgen Sie dem Wagen via Twitter @waffletruckk

8 NY DOSAS € ♥
Gilt als die beste indische Küche to go von ganz New York! Eines von ›Dosa Man‹ Thiru Kumars preisgekrönten kulinarischen Highlights sind die gut gewürzten, mit Kartoffeln gefüllten Pfannkuchen.
50 Washington Square S, Manhattan

9 SOUVLAKI GR TRUCK €
Ganz Griechenland in nur einem Sandwich - und eine große, echt griechische Speisekarte!
Mehrere Orte in Manhattan: Hanover Square & Water Street, Varick Street & Charlton Street, folgen Sie dem Wagen via Twitter @souvlakitruck

10 FIVE GUYS € 👁
Die Spezialität der fünf Jungs? Burger und Pommes!
36 W 48th Street, Manhattan

11 GROM € 👁
Derzeit angesagtester Eisverkäufer New Yorks! Unser Favorit: das Bio-Eis mit Haselnussgeschmack.
233 Bleecker Street, Manhattan

12 NATHAN'S FAMOUS €
Legendäre Hotdog-Bude in Brooklyn - seit 1916!
1310 Surf Avenue, Brooklyn

13 IL LABORATORIO DEL GELATO € ♥
Liefert sein Eis nach italienischer Originalrezeptur an die besten Restaurants der Stadt aus. Die Sorbets sind der Hammer - probieren Sie!
188 Ludlow Street, Manhattan

14 THE MORRIS TRUCK €
Einmaliger Klassiker: original amerikanisches gegrilltes Käsesandwich, so wie's sich gehört - einfach super lecker!
Mehrere Orte in Manhattan: 52nd & 6th Street, 51th Street zwischen Park Avenue und Madison Avenue, folgen Sie dem Wagen via Twitter @morristruck

15 HALAL GUYS € ♥
Bestes ›Chicken and Rice‹ der Stadt! Die Halal Guys gelten als einer der Pioniere des Streetfood in New York.
6th Avenue & W 53rd Street, Manhattan

Street Food
NEW YORK
960 LEXINGTON AVENUE
6TH AVENUE
53RD STREET
PARK AVENUE
36 WEST 48TH STREET
89 E 42ND STREET
E 23RD STREET
MADISON AVENUE
188 LUDLOW STREET
233 BLEECKER STREET
SOUVLAKI GR TRUCK
212-777-0116
LOWER EAST SIDE
65 BAYARD STREET
FULTON & WATER
SOUVLAKI
1310 SURF AVENUE
LISE BONNEAU

41 FESTE FEIERN

New Yorker lieben Feste. Ob farbenfrohe Umzüge, Kulturevents oder große Sportereignisse – in New York gibt es immer etwas zu feiern. Der Jahreskalender ist gespickt voll mit Terminen für Paraden und Festivals. El Cinco de Mayo, St. Patrick's Day oder die Gay Pride erinnern daran, dass das Herz der Stadt im Rhythmus der verschiedenen Communitys schlägt, aus denen sie sich zusammensetzt.

1 TRIBECA FILM FESTIVAL ♥

Robert De Niro gründete 2002 dieses inzwischen renommierte Festival des Unabhängigen Films, nach den Anschlägen von 9/11, von denen besonders Tribeca betroffen war, zur nachhaltigen Wiederbelebung des Viertels. Findet jährlich in der 2. Maiwoche an verschiedenen Orten in Tribeca statt. Filme, Workshops, Kinderprogramm.
tribecafilm.com

2 GAY PRIDE

Christopher Street Day: Regenbogenparade zur Erinnerung an den Stonewall-Aufstand 1969 an jedem letzten Samstag im Juni, gegen die Diskriminierung und für die Rechte aller LGBT und inzwischen längst eine der extravagantesten Partys und wohl die schrillste und bunteste Show des Jahres!
Hauptmarsch: führt von der 5th Avenue & E 52nd Street zur Christopher Street

3 ST. PATRICK'S DAY PARADE

Der 17. März ist der Feiertag der katholischen Iren zu Ehren ihres Nationalheiligen und eröffnet zugleich die Paradensaison: großer Umzug mit Dudelsackpfeifern in Manhattan ab 11 Uhr die 5th Avenue hinauf bis zur St. Patrick's Cathedral, wo nach dem Segen des Bischofs mit grünem Bier ausgiebig gefeiert wird.

4 EL CINCO DE MAYO ♥

Feierlichkeiten zum Sieg Mexikos über die Truppen von Napoleon III. am 5. Mai 1862: Tanz, Musik und ein großes Straßenfest am Grand Central – und viele Margaritas ...
Start des Umzugs: 33rd Street & 6th Avenue, Manhattan

5 CHINESE NEW YEAR'S FESTIVAL

Feuerwerk, Paraden und der spektakuläre Umzug des großen Drachens in Chinatown zum Auftakt des chinesischen Neujahrs zwischen 21. Januar und 19. Februar.
Downtown Manhattan, in der Umgebung von Tribeca, Canal Street, Chinatown.

6 NEW YORK FILM FESTIVAL

Internationales Filmfestival seit 1963 jährlich Ende September. Man legt hier keinen Wert auf Uraufführungen, sondern holt die Blockbuster nach Manhattan.
70 Lincoln Center Plaza, Manhattan

7 ANNUAL VILLAGE HALLOWEEN PARADE

31. Oktober: Straßenfeste und bunte Kostümparade mit mehr oder weniger morbiden, furchterregenden Masken, quer durch die Straßen von Greenwich Village.
Start des Zugs um 18 Uhr, von der Spring Street bis zur 21st Street

8 SHAKESPEARE FESTIVAL

Shakespeare in the Park: von Juni bis August Theaterstücke von Shakespeare unter freiem Himmel, Eintritt frei. Morgens am besten ab 10 Uhr für die Tickets anstellen!
Freilichttheater Delacorte, 81 Central Park West, Manhattan

9 INDEPENDENCE DAY

Amerikas Unabhängigkeitstag am 4. Juli wird mit Umzügen, Paraden, Musik, Straßenfesten und einem der gigantischsten, atemberaubendsten Feuerwerke der Welt über Hudson und East River begangen.
Aussichtspunkte: Brooklyn Heights Promenade, Orange Street bis Joralemon Street, am East River, Brooklyn

10 MOZART FESTIVAL: MOSTLY MOZART

Upper West Side, Juli und August: sommerliche Konzertreihe im Lincoln Center mit Opern und klassischen Konzerten, Eintritt frei. mostlymozart.org
70 Lincoln Center Plaza, Manhattan

11 COLUMBUS DAY

Tag der Entdeckung Amerikas durch Christoph Kolumbus: Parade an jedem zweiten Montag im Oktober.
Start: 5th Avenue & 44th Street, Manhattan

12 MACY'S THANKSGIVING DAY PARADE

Weltberühmt: die größte Parade des Jahres am vierten Donnerstag im November, die den Broadway hinabzieht und nicht zufällig an der 34th Street bei Macy's endet: Das Kaufhaus ist Sponsor der Parade.
Start: W 77th Street & Central Park West, Manhattan

13 THREE KINGS PARADE ♥

East Harlem im Januar: Eine farbenfrohe Kinderprozession mit lebendigen Eseln, Kamelen und Schafen, begleitet von rhythmischer Musik, Tänzern und Umzugswagen, am Vorabend des Dreikönigstags.
Start: E 106th Street & 5th Avenue, Manhattan

14 MERMAID PARADE

Am letzten Samstag im Juni: schräge Kostümparade, die Meer, Sand und den Beginn des Sommers feiert und die Uferpromenade von Coney Island entlangzieht.
Start: W 21st Street & Surf Avenue, Brooklyn

15 NEW YORK CITY MARATHON

In der 1. Novemberwoche: weltberühmter Marathon mit mehr als 50 000 Teilnehmern. Der Lauf beginnt in Staten Island und endet im Central Park.

I ♥ NY
QUENTIN VIJOUX

42 CLUBBING

Nicht zufällig ist der in den 1870er-Jahren erfundene Manhattan – ein Cocktail aus Whisky und Vermouth – heute weltberühmt. Schon seit jeher sind Clubs und Bars im Big Apple Zentren sozialen Lebens, egal, ob man sich dort mit Freunden treffen oder neue Leute kennenlernen oder einfach nur mal sitzen und relaxen und ein bisschen Leute gucken will ...

1 ROSE BAR €€€♥
Liza Minnelli was here! Beliebter Treffpunkt von Theater- und Filmleuten, Modemachern und Topmodels. Gedämpftes Licht, schwere Möbel, Werke von Andy Warhol, Keith Haring und anderen – hier herrscht eine gediegene Atmosphäre. Probieren Sie eine Margarita mit Ananas und Ingwer. Oder Sie gönnen sich auf der Dachterrasse mit Blick über Manhattan einen Manhattan!
Gramercy Park Hotel, 2 Lexington Avenue, Manhattan

2 THE BIERGARTEN €€
Unter der High Line gibt's erstklassiges Bier – Ayinger Weiße, Köstritzer Schwarz oder Bitburger Pils –, Weißwurst, Brezeln und Sauerkraut – und Pingpong für Tischtennisfreaks.
The Standard High Line Hotel, 848 Washington Street, Manhattan

3 BLUE BAR €€€€
Bevorzugte Bar der intellektuellen und künstlerischen Elite der Stadt. Hier werden bei ein paar Cocktails oder Martinis Geschichten gesponnen, Ideen ausgetauscht, Projekte geboren ...
The Algonquin Hotel Times Square, 59 W 44th Street, Manhattan

4 230 FIFTH €€€👁
In-Location an der Fifth: spektakulärer Blick von der mit Palmen begrünten Dachterrasse, bei Regen kann man sich in die Penthouse Lounge zurückziehen. Cocktails muss man hier nicht unbedingt trinken, probieren Sie aber die guten Weine und Biere.
230 5th Avenue, Manhattan

5 SALON DE NING €€€€
Ein Hauch Nostalgie: das Schanghai der Dreißigerjahre. Der Ausblick von der Rooftop-Bar auf 5th Avenue und Central Park ist grandios und die Dachterrasse noch nicht so überrannt wie einige andere. Super Cocktails, insbesondere der Ning Sling (mit Absolut Mandarin Wodka, Litchilikör, frischer Minze, Litchi- und Maracujasaft) ist zu empfehlen.
The Peninsula Hotel, 700 5th Avenue, Manhattan

6 FLATIRON LOUNGE €€€
»There ist something about a Martini ...« Wunderschöne Cocktailbar im Art-déco-Stil mit ansprechenden Drinks. Den Barkeepern bei ihrer Arbeit zusehen, ihren exakten Bewegungen und ihrer Akkuratesse, macht Spaß!
37 W 19th Street, Manhattan

7 FEATHERWEIGHT €€♥
Klassisches Speakeasy, perfekter Service und originelle Cocktails wie den High Roller (Champagner und Vermouth) in East Williamsburg – eine der besten Adressen der Stadt. Kein Leichtgewicht unter den Bars – trotz seines Namens!
135 Graham Avenue, Brooklyn

8 MCSORLEY'S OLD ALE HOUSE €
Einer der ältesten irischen Pubs in New York (1854) mit eigenwilliger Atmosphäre und einer der letzten »Men Only«-Pubs, die Frauen erst zuließen, als sie per Gesetz 1970 dazu verpflichtet wurden.
15 E 7th Street, Manhattan

9 PULSE KARAOKE €€
Karaoke in ultramoderner Party Lounge am Times Square, State of the Art in puncto Licht- und Soundsystem: Hier können Sie singen bis zum Morgengrauen ...
135 W 41st Street, Manhattan

10 SWIFT HIBERNIAN LOUNGE €€
Klassischer Pub, authentisch und ausgesprochen gemütlich. Back to the basics!
34 E 4th Street, Manhattan

11 THE PRESS LOUNGE €€€♥
Mehrfach ausgezeichnete Rooftop-Bar – und das zu Recht! Bestechende Aussicht auf Midtown und den Hudson.
653 11th Avenue, 16th Floor, Manhattan

12 PLEASE DON'T TELL €€€
Berühmtes Speakeasy im East Village: Prohibition-Chic-Bar, versteckt hinter einem Hotdog-Imbiss. Pssst, nicht weitersagen!
Crif Dogs, 113 St. Marks Place, Manhattan

13 NUYORICAN POETS CAFE €
Alternatives Kunst- und Kulturzentrum aus den Siebzigern, heute ein prominenter Ort des Poetry Slam, außerdem tolle Latin-Jazz-, Salsa- oder Hiphop-Sessions und Summerstage-Performances.
236 E 3rd Street, Manhattan

14 THE GINGER MAN €€
Super Auswahl an lokalen und importierten Biersorten.
11 E 36th Street, Manhattan

15 ANGEL'S SHARE €€€
Noch ein Speakeasy im East Village: Bei der Nr. 8 Stuyvesant Street gehen Sie in die 2. Etage hinauf und durch das japanische Restaurant Village Yokocho, bis Sie zu einer nicht beschrifteten Tür gelangen. Nicht ganz leicht zu finden, aber der Mühe wert!
8 Stuyvesant Street, Manhattan

ORNING SIDE HEIGHTS
HAMILTON HEIGHTS
MARCUS GARVEY PARK
HARLEM
APOLLO THEATRE, ABYSSINIAN BAPTIST CHURCH, STUDIO MUSEUM IN HARLEM, SUGAR HILL, STRIVER'S ROW
UPPER EAST SIDE
FRICK COLLECTION, CENTRAL PARK, THE MET, WHITNEY MUSEU OF AMERICAN ART, GUGGENHEIM MUSEUM
PER WEST SIDE
MERICAN USEUM OF NATURAL HISTORY, NTRAL PARK COLUMBUS IRCLE
IDTOWN
MOMA, RYANT PARK, TOP OF THE ROCK, NYPL
GRAMERCY
EMPIRE STATE BUILDING, GRAND CENTRL TERMINAL, CHRYSLER BUILDING
EENWICH ILLAGE
EECKER TREET, E ROW, HINGTON ARE PARK
EAST VILLAGE
ST. MARKS PLACE, TOMPKINS SQUAR PARK, THE HOLE
LOWER EAST SIDE
NEW MUSEUM, ESSEX STREET MARKET,
SOHO
RAWING CENTRE, NEWYORKCITY FIRE MUSEUM
ORCHARD STREET
CHINA TOWN
COLUMBUS PARK, KIMLAU SQUARE MOCA
FINANCIAL DISTRICT
BROOKLYN BRIDGE, GOVERNORS ISLAND, 9/11 MEMORIAL, BATTERY PARK
BOWLING GREEN, CITYHALL
HYESU LEE
11
5
3
9
14
4
6
1
2
15
12
10
8
13
7

43 LIVE ON STAGE

Für Leute, die Musik lieben, ist New York ein Paradies. Von den großen Konzertsälen Manhattans bis zur Untergrundszene von Brooklyn, egal, ob Sie ein Fan von Punk- oder Folkmusik sind, auf Rock oder Country stehen – es ist unmöglich, hier keinen Ort zu finden, der Ihrem Stil entspricht. Und dann heißt es: relaxen, einen Drink nehmen, sich durch die Nacht treiben lassen und einfach der Musik hingeben ...

1 RADIO CITY MUSIC HALL
Prächtiger Konzertsaal im Art-déco-Stil. In den 1930er-Jahren wurden von hier aus live große Musiksendungen – etwa mit der Glenn Miller Big Band – ausgestrahlt.
1260 Avenue of the Americas, Manhattan

2 CARNEGIE HALL
Orchester, klassische Musikkonzerte, Pop, Jazz, zeitgenössische Musik – alles passiert hier. Kein Wunder bei der grandiosen Akustik!
881 7th Avenue, Manhattan

3 METROPOLITAN OPERA HOUSE
Umgangssprachlich als ›Met‹ bezeichnet, zählt die Metropolitan Opera zu den weltweit führenden Opernhäusern.
30 Lincoln Center Plaza, Manhattan

4 ARLENE'S GROCERY €€
Bis zu sechs Bands treten hier an einem Abend auf! Am besten schauen Sie montags vorbei, dann gibt es Karaoke zum Livekonzert.
95 Stanton Street, Manhattan

5 ROCKWOOD MUSIC HALL €€
Drei kleine Bars und drei kleine Konzertbühnen mit nahezu täglichem Nonstop-Programm ab dem frühen Abend. Meistens ist der Eintritt frei!
196 Allen Street, Manhattan

6 MERCURY LOUNGE €€
Angesagte Location der Independent Rock-Szene.
217 E Houston Street, Manhattan

7 SILVANA €€
Sympathische afro-israelische Kellerbar mit anspruchsvollem und anregendem Programm: Music Acts, Jazz, Latin Percussion, Jam Sessions ...
Oben gibt's ein einladendes Café mit gutem Essen!
300 W 116th Street, Manhattan

8 BARGEMUSIC €€
Wie wäre es mit Kammermusik und Jazz auf einem Frachtschiff, das am East River vertäut ist? Der Blick auf Lower Manhattan und die Brooklyn Bridge ist beeindruckend!
2 Old Fulton Street, Brooklyn

9 BROOKLYN ACADEMY OF MUSIC
In diesem ältesten Kunst- und Kulturzentrum der Vereinigten Staaten, gegründet 1861, wird ein umfangreiches Programm geboten: Konzerte, Theater, Literatur, Kino, Tanz und mehr.
30 Lafayette Avenue, Brooklyn

10 PETE'S CANDY STORE €
Quiz- und Performance-Abende und sehr intime Konzerte im hinteren kleinen Saal: »Pocket size, but pocket full of goodies«!
709 Lorimer Street, Brooklyn

11 MUSIC HALL OF WILLIAMSBURG €€
Klein, aber fein: beliebter Musikschuppen und die angesagteste Location in Brooklyn, wenn man Indie-Bands live erleben will.
66 N 6th Street, Brooklyn

12 CAFFE VIVALDI €
Täglich Livemusik in Greenwich Village: Der »Listening Room« des Caffe Vivaldi zählt in der New Yorker Szene zu den besten Spots, um originellen Stücken talentierter Singer-Songwriter zu lauschen. Für das leibliche Wohl ist gesorgt.
32 Jones Street, Manhattan

13 BOWERY BALLROOM
Historischer, grandioser Rockkonzertsaal auf der Lower East Side mit perfektem Sound. Bekannte Indie-Größen wie Patti Smith waren auch schon hier.
6 Delancey Street, Manhattan

14 BEACON THEATER
Historisches Theater am Broadway. Im Jahr 2006 traten hier die Rolling Stones gleich zweimal hintereinander auf, was Martin Scorsese in seinem Film »Shine a Light« festhielt. Nicht minder publikumswirksam: Auftritte von Spandau Ballet, Bryan Adams, Gipsy Kings und Buena Vista Social Club – um nur ein paar zu nennen.
2124 Broadway, Manhattan

15 TOWN HALL
Suffragisten gründeten die Konzerthalle, der gute Ruf ihrer Akustik eilt ihr voraus: Stars wie Marian Anderson, Billy Holiday, Joan Baez, Cesaria Evora, Carole King und viele andere traten hier auf. Bis heute große, auch »not just Jazz«-Konzerte wie Gospel, Blues, Folk, außerdem Tanz, Theater etc.
123 W 43rd Street, Manhattan

7
14
3
2
1
15
12
10
11
5
6
4
13
9
8
JACOPO ROSATI

44 JAZZ RULES!

Neben New Orleans und Chicago war New York im vergangenen Jahrhundert die Metropole des Jazz, von seinen Anfängen bis zum glanzvollen Siegeszug rund um die Welt. Viele legendäre Clubs der frühen Jahre öffnen bis heute dem jazzbegeisterten Publikum ihre Türen, neue ›Dives‹ sind hinzugekommen, immer auf der Suche nach dem nächsten Miles Davis oder Charlie Parker.

❶ BLUE NOTE €€€
Zu wunderbarem Jazz genüsslich am (teuren) Cocktail nippen: Im 1981 von Danny Bensusan eröffneten Club im Greenwich Village treten Nachwuchs- und lokale Musiker ebenso auf wie bekannte Jazzgrößen wie z. B. Sarah Vaugham oder Natalie Cole. Horrende Preise, aber ein unglaubliches Programm.
131 W 3rd Street, Manhattan

❷ THE IRIDIUM €€€
Prominente Adresse seit 1994 in Midtown, wo Gitarrenlegende Les Paul bis zu seinem Tod 2009 wöchentlich spielte. Live-Jazz, der betört! Credo des Clubs: »Jazz any instrument, guitar any genre.«
1650 Broadway, Manhattan

❸ THE VILLAGE VANGUARD €€
Eröffnet 1935 in Greenwich Village, seit 1957 reiner Jazzclub, in dem schon Bill Evans und Betty Carter gastierten. Geometrisch originell geschnitten, was die Akustik begünstigt
178 7th Avenue S, Manhattan

❹ APOLLO THEATER €€
Wo alles begann: Hier trat Michael Jackson erstmals mit den Jackson Five auf und läutete den Beginn seiner Karriere ein. Einer der berühmtesten Aufführungsorte afroamerikanischer Musik in den USA, neben Jazz gibt's auch auch Blues, Soul und Pop.
253 W 125th Street, Manhattan

❺ BIRDLAND €€€
»Jazz Corner of the World«, gegründet 1949, benannt nach Charlie »Bird« Parker, schloss 1965 und wurde 1986 wiedereröffnet, in alter Tradition mit neuer Adresse! Eine der klassischen Pilgerstätten des Jazz.
315 W 44th Street, Manhattan

❻ DIZZY'S CLUB COCA COLA €€€
»Jazzclub in the Sky« statt Keller-Ambiente: Traumblick auf den Central Park zu Auftritten, die oft erste Sahne sind. Cocktails und Küche passen auch!
10 Columbus Circle, Manhattan

❼ PARIS BLUES ♥
Hotspot in Harlem seit 1969: bodenständiges »Jazz Dive« mit viel Charme, großzügig eingeschenkten Gläsern und allabendlichem Jazz live!
2021 Adam Clayton Powell Jr. Boulevard, Manhattan

❽ THE STONE €
Eldorado für Jazzfreaks im East Village: Jazz pur, Experimental und Avantgarde, bis zum Abwinken. Keine Bar, dafür Klappstühle auf hartem Betonboden.
E 2nd Street & Avenue C, Manhattan

❾ JAZZ STANDARD €€€
Flatiron District: fantastisches BBQ, tadelloser Service, genialer Jazz, hippes Publikum. Das Motto der Location lautet: »Holt den Jazz aus dem Keller!« Gutes, professionelles Programm.
116 E 27th Street, Manhattan

❿ SMOKE JAZZ & SUPPER CLUB €€€
Eine der bekanntesten Adressen auf der West Side mit Modern Jazz. Interessantes Programm.
2751 Broadway, Manhattan

⓫ SHOWMAN'S €€
Jazz in einem langen schmalen Saal mit angenehmer Ausstrahlung; experimenteller Jazz und Harlem.
375 W 125th Street # 1, Manhattan

⓬ MINTON'S €€€€♥
Früher »Minton's Playhouse«, das der berühmte Saxofonist Henry Minton 1938 eröffnete.
206 W 118th Street, Manhattan

⓭ BILL'S PLACE €
Wenn Saxofonist Bill Saxton in sein Wohnzimmer einlädt ...
148 W 133rd Street, Manhattan

⓮ COTTON CLUB €€♥
Sagenumwobene Jazzkneipe in Harlem, in der schon Duke Ellingotn aufgetreten ist. Hat zum Glück wiedereröffnet!
656 W 125th Street, Manhattan

⓯ SMALL'S JAZZ CLUB
Eine Institution in Greenwich Village: allabendlicher Jazz in einem ebenso authentischen wie kleinen wie sympathischen Kellerclub, der seit seiner Gründung 1994 bis heute zahlreichen jungen Talenten zum Durchbruch verholfen hat, u. a. Dewey Redman.
183 W 10th Street, Manhattan

14
13
11
4
7
12
10
6
2
5
9
3
15
1
8
MIGUEL PORLAN

45 KULTSTÄTTEN DES HIP-HOP

New York gilt als die Wiege der Hip-Hop-Kultur, jenes Musikgenres, das in den Straßen der Bronx geboren wurde und mit dem Rap, Breakdance, Graffiti und Streetwear assoziiert werden. Die Stadt brachte einige der größten Rapper Amerikas hervor – von The Notorious B.I.G. über Jay Z bis zu Mos Def. Begeben wir uns auf eine Entdeckungsreise zu den Wurzeln des Hip-Hop, der inzwischen längst die ganze Welt erobert hat.

1 NEW ERA €€€

New Era ist eine Traditionsmarke mit Kultstatus in der Hip-Hop- und Skaterszene. Eine wahre Fundgrube für lässige Printshirts und Basecaps. New Era entwickelte die sog. 59Fifty, eine Cap mit einem geraden Schirm. In der Hip-Hop-Szene stieß sie auf breite Zustimmung und die Caps wurden schließlich weltberühmt.
9 E 4th Street, Manhattan

2 ALIFE RIVINGTON CLUB €€€

Obwohl der Club eher wie ein »old british Gentlemen's Club« wirkt, ist er der Tempel des Streetwear schlechthin.
158 Rivington Street, Manhattan

3 DJ KOOL HERC'S HOUSE

Hier lebte der ›Vater‹ des Hip-Hop, hier fand die erste Hip-Hop-Block-Party statt, hier begann DJ Kool 1973 seine Karriere als Party-DJ auf dem Geburtstag seiner Schwester.
1520 Sedgwick Avenue, Bronx

4 WEINSTEIN HALL IN DER NYU (NEW YORK UNIVERSITY)

In diesem Studentenwohnheim gründeten Rick Rubin und Russel Simmons im Jahr 1984 ihr Plattenlabel Def Jam. In den Jahren 2004-2007 leitete übrigens Jay Z das Label, das maßgeblich dazu beitrug, die Hip-Hop-Kultur auch im Mainstream zu verankern.
5-11 University Place zwischen E 8th Street und Washington Square North, Manhattan

5 BIGGIES FREESTYLE-BATTLE

Hier trug The Notorious B.I.G., für viele der Inbegriff des New Yorker Hip-Hop, sein erstes Freestyle-Battle aus.
Bedford Avenue & Quincy Street, Bedford-Stuyvesant, Brooklyn

6 DR JAY'S €€♥

Angesagte Marke für Mützen, Baggy Pants und Sneakers. Auch online zu bestellen.
33 W 34 th Street, Manhattan

7 BIG L'S CORNER €€♥

Tatort: Im Alter von 24 Jahren wurde hier 1999 der Rapper Big L auf offener Straße erschossen. Ihn trafen neun Schüsse in die Brust und ins Gesicht. Es wurde nie geklärt, wer geschossen hat.
45 W 139th Street & Lenox Avenue, Manhattan

8 SOB'S €€♥

SOB's (Sound of Brazil) gilt als einer der besten Dance- und Hip-Hop-Cubs New Yorks. Hier kann man aber auch prima frühstücken, brunchen, lunchen oder einfach auf ein Glas vorbeischauen.
204 Varick Street Ecke W Houston Street, Manhattan

9 226 ST JAMES PLACE

Auf der Suche nach den Anfängen von The Notorious B.I.G: Wo Biggie aufwuchs und als Straßendealer sein erstes Geld verdiente. »Er fing mit zwölf an, Drogen zu verkaufen, mit 17 verließ er die Schule, er wurde wegen Drogen- und Waffenbesitzes verhaftet …«
226 St James Place zwischen Fulton Street & Gates Avenue, Brooklyn

10 FORT GREENE

Die Wiege des Progressive Hip-Hop der 1990er-Jahre: »To get my haircut had to go to Fort Greene/Sur Myrtle Avenue, to get a fade with the sides clean.« Liedzeile des Hip-Hop-Duos Gang Starr aus »The Planet«.
Myrtle Avenue, Brooklyn

11 HIGH STREET STATION

»Every morning took the train to High Street station. Doing homework on the train«, Liedzeile von den Beastie Boys in »Root Down«.
High Street Station, Brooklyn

12 FULTON STREET MALL

In dieser Mall gibt's einfach alles, vor allem abgefahrene Hip-Hop-Klamotten!
356 Fulton Street, Brooklyn

13 560 STATE STREET

In diesem Gebäude lebte in den 1980er-Jahren so mancher Hip-Hop-Star, u. a. auch Jay Z.
560 State Street, Brooklyn

14 SARAH J. HALE HIGH SCHOOL

Zahlreiche Rapper besuchten diese High School, bis sie im Jahr 2001 aus Sicherheitsgründen schließen musste.
345 Dean Street, Brooklyn

15 MUSIC MATTERS

Kleiner, feiner Music Store für Hip-Hop-Liebhaber. Secondhand-Shop für CDs, DVDs, Videospiele und Musikmanuskripte.
413 7th Avenue, Brooklyn

YOU MIGHT HAVE BEEN
1520 SEDGWICK AVENUE, THE BRONX
THE OFFICIAL BIRTHPLACE OF HIP-HOP
HIGHBRIDGE GARDEN HOMES
BRONX RIVER COMMUNITY CENTER
ZULU NATION
WHERE SCOTT LA ROCK STERLING WAS SHOT
SOUTH BRONX
BDP AND KRS-ONE
KIDS ON ST. JAMES
RIKERS ISLAND
I'M FROM A PART OF TOWN WHERE CLOWNS GET BEAT DOWN ON 139 AND LENOX
IF YOU'RE SOFT, DON'T GO THROUGH
ST. NICHOLAS PARK
HOME BASE OF BIG L, CAM'RON, DIPSET, A$AP
48 E. 57TH
JACOB THE JEWELER'S STORE
QUAD STUDIOS
WHERE TUPAC WAS SHOT IN 1994
KIT KAT CLUB
WHERE LANCE RIVERA WAS STABBED ALLEGEDLY BY JAY Z FOR LEAKING AN ALBUM
D&D STUDIOS, WHERE DJ PREMIER RECORDED THE ILLMATIC AND THE SUN RISES IN THE EAST
ENTER THE WU-TANG RECORDED HERE
THE TUNNEL CLUB
SUNDAY'S HIP-HOP NIGHTS
FIREHOUSE STUDIO
BASSLINE STUDIOS
HOT 97 RADIO STATION
COUGH UP A LUNG, WHERE I'M FROM MARCY, SON
QUEENSBRIDGE HOUSING PROJECTS
NAS AND MOBB DEEP CAME FROM HERE
MARCY HOUSES
LAFAYETTE GARDENS
MISTER CEE'S CHILDHOOD HOME
226 ST. JAMES PLACE
BIG'S CHILDHOOD HOME
GEORGE WESTINGHOUSE HIGH SCHOOL
BOTH JAY
SARAH A. KING
1
2
3
4
5
6
7
8
9
10
11
12
13
14
15

46 SHOWTIME ON BROADWAY

Grellbunte Werbeplakate und riesige Videoschirme rund um den Times Square buhlen um die Aufmerksamkeit der Touristen aus aller Welt, die sich im Theaterviertel zwischen 41. und 53. Straße in Manhattan drängeln. Auf ihren Eintrittstickets stehen »Der König der Löwen«, »Mary Poppins«, »Spiderman« oder auch »Das Phantom der Oper« - mit Preisen ab 100 Dollar nicht ganz billig, doch wer bei seinem New-York-Besuch nicht wenigstens in einem Broadway-Musical war, der hat die Stadt nicht gesehen.

❶ STUDIO 54
Nachdem es nacheinander Diskothek, Theater und Fernsehstudio der CBS war, logiert inzwischen die Produktionsgesellschaft Roundabout Theatre Company im Studio 54.
254 W 54th Street, Manhattan

❷ AUGUST WILSON THEATRE
Das Theater trägt den Namen des 2005 verstorbenen Schriftstellers, Drehbuchautors und Pulitzerpreisträgers August Wilson, womit erstmalig ein Broadway-Theater den Namen eines Afroamerikaners erhielt.
245 W 52nd Street, Manhattan

❸ BROADWAY THEATRE
War früher ein Kino und für seine zahlreichen Filmpremieren bekannt. Heute werden in dem riesigen Saal, der mehr als 1500 Menschen fasst, regelmäßig Musicals gezeigt.
1681 Broadway, Manhattan

❹ NEIL SIMON THEATRE
Das ehemalige Alvin Theatre wurde 1927 mit der Uraufführung des Musicals »Funny Face« (»Ein süßer Fratz«) von George und Ira Gershwin eröffnet, in dem Fred Astaire die Hauptrolle spielte.
250 W 52nd Street, Manhattan

❺ GERSHWIN THEATRE
Der mit 1933 Plätzen größte aller Theatersäle am Broadway befindet sich im Paramount-Plaza-Gebäude. Hier läuft »Wicked«, das erfolgreichste Musical der letzten zwölf Jahre, das die Vorgeschichte des Klassikers »Zauberer von Oz« erzählt.
222 W 51st Street, Manhattan

❻ BARRYMORE THEATRE
Hier wurde 1947 Tennessee Williams Drama »Endstation Sehnsucht« mit Jessica Tandy und Marlon Brando uraufgeführt.
243 W 47th Street, Manhattan

❼ THE ACTORS STUDIO
Lee Strasberg unterrichtete in der berühmten Schauspielwerkstatt namhafte Stars wie Marilyn Monroe, Dustin Hoffman, Paul Newman, Harvey Keitel oder Angelina Jolies Mutter Marcheline Bertrand.
432 W 44th Street, Manhattan

❽ NEW AMSTERDAM THEATRE ♥
Das Gebäude von 1903 ist eines der ältesten Broadway-Theater und wurde stilecht im Art-déco-Stil restauriert. Seit 1994 gehört es der Walt Disney Corporation, aufgeführt werden Musicals wie »Mary Poppins«, »König der Löwen« oder »Aladdin«.
214 W 42nd Street, Manhattan

❾ LUNT-FONTANNE THEATRE
»The Globe« ist Geschichte, zumindest in New York ... Das Theater hieß wie das Shakespeare-Theater in London, bevor es nach dem Schauspielerpaar Alfred Lunt und Lynn Fontanne benannt wurde.
205 W 46th Street, Manhattan

❿ BROOKS ATKINSON THEATRE
Der Name ist eine Hommage an den berühmten Theaterkritiker der »New York Times«, Brooks Atkinson, einen der einflussreichsten seiner Zunft in Manhattan zwischen 1925 und 1960.
256 W 47th Street, Manhattan

⓫ PALACE THEATRE
»Playing the Palace« war für viele Schauspieler der Traum schlechthin, als das Theater 1913 öffnete. Auf seinen Brettern performte das Who's Who des amerikanischen Entertainments: Judy Garland, Bette Midler, Shirley MacLaine, Diana Ross, Ethel Barrymore, Harry Belafonte ...
1564 Broadway, Manhattan

⓬ IMPERIAL THEATRE
Wie mehrere andere Broadwaytheater - etwa das Brooks Atkinson oder das Majestic - verdankt auch das Imperial seine Architektur dem begnadeten Theaterbaumeister Herbert J. Knapp.
249 W 45th Street, Manhattan

⓭ LYCEUM THEATRE ♥
Das Lyceum ist neben dem New Amsterdam eines der ältesten Broadway-Theater, ein Beaux-Art-Gebäude aus dem Jahr 1903. Stars bemerkenswerter Produktionen der frühen Jahre waren neben vielen anderen auch Humphrey Bogart und Bette Davis.
149 W 45th Street, Manhattan

⓮ MARQUIS THEATRE
Das Marquis wurde 1986 im Gebäude des Marriott Marquis Hotels eröffnet und gehört somit zu den neuesten Theatern am Broadway. Prominentes Musical Mitte der 1990er-Jahre war hier »Victor/Victoria«, in der Hauptrolle nacheinander mit Julie Andrews, Liza Minnelli und Raquel Welch besetzt.
1535 Broadway, Manhattan

⓯ MAJESTIC THEATRE ♥
Eröffnet 1927, war es Schauplatz der Premieren berühmter Musicals von Komponisten wie George Gershwin oder Andrew Lloyd Webber. Seit 1988 wird hier »Das Phantom der Oper« aufgeführt, das am längsten am Broadway gespielte Stück.
247 W 44th Street, Manhattan

STUDIO 54
BROADWAY
1
AUGUST WILSON
3
2
NEIL SIMON
4
BARRYMORE
5
GERSHWIN
BROOKS ATKINSON
PALACE
10
6
UNT-FONTANNE
11
9
IMPERIAL
LYCEUM
12
MARQUIS
14
7
ACTOR STUDIO
13
AJESTIC
15
NEW AMSTERDAM
8
SOPHIE LEDESMA

47 SPIELE FÜR DIE GROSSEN

Wer sagt denn, dass Spiele nur etwas für Kinder sind? In New York sicherlich niemand. In der Stadt gibt es zahlreiche sympathische Bars und lauschige Plätze, drinnen und draußen, mit Hunderten von Spielangeboten aller Art: von Brettspielen über Billard, Kicker und Flipper bis zu Tischtennis, Minigolf oder Boule. Lauter vergnügliche Varianten, sich die Zeit zu vertreiben, die nicht mal teuer sein müssen.

1 BOWLMOR LANES €€
50 Bowlingbahnen am Times Square, etwas überspannte, aber nicht minder sehenswerte Location. Und nach dem Mega-Strike wartet die gute Gourmetküche.
222 W 44th Street, Manhattan

2 SLATE €€♥
Ein Dutzend Kicker, Billard- und Tischtennistische, mehrere Lounges mit Sofas und großen Sesseln auf zwei Etagen, Dinner und Drinks ...
54 W 21st Street, Manhattan

3 EASTSIDE BILLIARDS & BAR €€
Eine der größten Billardhallen der Stadt auf der Upper East Side: mit 16 Brunswick-Gold-Crown-Tischen! Exzellentes Bier von diversen Mikrobrauereien und gute Cocktails für danach!
163 E 86th Street, Manhattan

4 BROOKLYN BOWL €€
Bowlingcenter in einer ehemaligen Fabrik mit 16 Bahnen und einladenden Chesterfield-Sofas zum Abhängen. Service: Für vier Dollar kann sich ein Paar Socken ausleihen, wer keine eigenen dabei hat! Die gute amerikanische Küche - Grillhähnchen, BBQ Wings & Co. - wird vom bekannten Blue Ribbon versorgt, Biere bekannter Mikrobrauereien dominieren neben Cocktails auch hier die Getränkekarte.
61 Wythe Avenue, Brooklyn

5 MONA'S €
Diese gesellige und gar nicht teure Bar im East Village ist wie geschaffen für eine Partie Billard und ein Bierchen zwischendurch! Hier findet man in unaufgeregter Atmosphäre die letzten Punks der Stadt, viele Iren und College-Absolventen. Dienstags Live-Jazz, sonst Punk aus der Musicbox ...
224 Avenue B, Manhattan

6 BARCADE €€♥
»Bar« und »Arcade« stehen für Bier und Spiele in Williamsburg: Hier gibt's Videospielklassiker à la Pacman, Donkey Kong, Pong - und fantastische exklusive Biere aus der näheren Umgebung.
388 Union Avenue, Brooklyn

7 KETTLE OF FISH €
Greenwich Village: unprätentiöse, einladende Stammkneipe mit Flipper und Darts, Brettspielen, Monopoly, Dame ... Green-Bay-Packers-Fans treffen sich hier zum Footballschauen. Cheers everyone!
59 Christopher Street, Manhattan

8 ACE BAR €
Ausgezeichnete, unprätentiöse Bar ohne jeglichen Schnickschnack im East Village: Billard, Darts, Flipper - *relax and enjoy*!
531 E 5th St, Manhattan

9 AMSTERDAM BILLIARDS €€
East Village: Hierher kommen Studenten, Promis und Lebenskünstler, ideal für eine Partie zwischendurch. 26 Pool-Tische. Außerdem Kicker, Darts und mehr. Pubfood, Bier, Cocktails.
110 E 11th Street, Manhattan

10 WICKED WILLY'S €
Wie wäre es mit einem Treffen auf ein Beer-Pong-Spiel? Das Trinkspiel, bei dem Tischtennisbälle in Becher geworfen werden müssen, ist hier sehr populär. »Happy Hour is our Group Therapy«, »Soup of the Day Tequila« ... Außerdem Livemusik und Karaoke!
149 Bleecker St, Manhattan

11 VILLAGE CHESS SHOP
Riesenauswahl an Bieren und Arcade-Spielen: legendäre Klassiker aus den Achtzigern und Neunzigern!
82 West 3rd Sreet, Manhattan

12 MINI GOLF | PIER 25
Zum Relaxen: Minigolf-Parcours am Wasser und im Grünen, mit einer grandiosen Aussicht auf die Freiheitsstatue!
Pier 25 am Hudson River, Manhattan

13 BROOKLYN GOLF CENTER
Golf in idyllischer Umgebung beim Riis Park Beach, Spielbahn mit 18 Löchern, Trainings- und Kursangebote - und Minigolf kann man hier ebenfalls spielen.
3200 Flatbush Avenue, Brooklyn

14 UNION HALL €€
Im Herzen von Park Slope: Boccia spielen auf zwei Indoor-Bahnen in gemütlichem Ambiente mit Sofas. Und wenn's draußen kalt ist, knistert drinnen ein Feuer im Kamin. Mit guter Bar, amerikanischem Essen und viel Wohlfühlatmosphäre.
702 Union Street, Brooklyn

15 FAT CAT €♥
Hier lässt es sich hervorragend aushalten: Billard, Shuffleboard oder Tischtennis spielen, ein bisschen abhängen und Bier für wenig Geld trinken. Jeden Abend mit Livemusik!
75 Christopher Street, Manhattan

GAME OVER
TILT
001210
1
2
3
4
5
6
7
8
9
10
11
12
13
14
15
PLAY TIME
MAXIME GARCIA

48 THE CITY THAT NEVER SLEEPS

In New York spielt die Uhrzeit keine Rolle. Sie möchten gegen mittags zu Abend essen oder um Mitternacht frühstücken? Kein Problem! Mit Einbruch der Dämmerung versinkt die Stadt in einer Flut aus Lichtern, und wer mag, kann die Nacht zum Tage machen. Noch Lust auf einen Snack, ein Bierchen oder ein Gas Wein? Durch den Jetlag noch komplett aus der Bahn geworfen und kein bisschen müde? Alles kein Problem in dieser Stadt, die niemals schläft!

1 CIELO €€€ 👁
Anspruchsvoller Electro-Sound im Meatpacking District. Der Laden hat sich längst einen ausgezeichneten Namen gemacht.
18 Little W 12th Street, Manhattan

2 WEBSTER HALL €€
Riesiger Disco-Themenpark, der größte New Yorks, auf vier Etagen mitten im East Village. Mit Go-go-Girls und Live-Bands. Achtung Dresscode, Eintritt verboten für Gäste mit Turnschuhen und löchrigen Jeans.
125 E 11th Street, Manhattan

3 KNITTING FACTORY €
Avantgarde-Kultclub seit den Neunzigern mit Musiklabel und Konzertagentur. Früher in der Houston Street, jetzt in Williamsburg: allerneuester Jazz, Indie-Rock, Hardcore-Punk und Underground-Hip-Hop.
361 Metropolitan Avenue, Brooklyn

4 LANDMARKS'S SUNSHINE CINEMA
Freitags und samstags Mitternachts-vorstellungen: Klassiker und Horrorfilme. Nicht nur der exzellente Sound überzeugt in diesem ehemaligen jüdischen Theater.
143 E Houston Street, Manhattan

5 THE BITTER END €€ 👁
Legendäre Bar in Greenwich Village, in der Stevie Wonder, Bob Dylan, Woody Allen und andere prominente New Yorker ein- und ausgehen. Hat bis vier Uhr morgens geöffnet.
147 Bleecker Street , Manhattan

6 WHITE HORSE TAVERN €€
Große Biere und ein Spitzen-Whisky erwarten Sie in dieser Bar aus dem 19. Jahrhundert, die in den 1950er- und 60er-Jahren Kultstatus bei der New Yorker Bohème genoss, nachdem sich hier Schriftsteller Dylan Thomas zu Tode getrunken hatte. Heute kehren Studenten, Einheimische und vor allem Touristen ein.
567 Hudson Street, Manhattan

7 GREAT NY NOODLETOWN €
Umwerfend gute chinesische Küche bis 4 Uhr früh. Neben Nudelgerichten sind Krabben- und Bratengerichte die eigentlichen Stars auf der Karte. Bei Locals und Touristen gleichermaßen beliebt.
28 Bowery, Manhattan

8 DAISY'S DINER € ♥
Frühstück rund um die Uhr: Pfannkuchen mit Bacon, Ahornsirup, Blaubeermark, außerdem Steaks, Burger, Seafood, Pizza und Pasta.
452 5th Avenue, Brooklyn

9 KELLOGG'S DINER €€ ♥
Hier treffen sich alle aus Brooklyn, die nicht schlafen können - weniger zum Essen (normales Diner-Essen ohne jeden Schnickschnack, am besten sind die Fritten) - als wegen der Gesellschaft. Durchgehend geöffnet!
518 Metropolitan Avenue, Brooklyn

10 MILANO'S BAR €
Etwas abgehalfterte ›Dive‹-Bar in SoHo mit authentischem Charme, vibrierender Atmosphäre, herrlicher Jukebox und in die Jahre gekommenen Barkeepern, die einem zu später Stunde schon mal gern die Welt erklären.
51 E Houston, Manhattan

11 LE BATEAU IVRE €€€
Französisches Bistro (Grill) mit exzellentem Wein und charmantem Namen: »das betrunkene Schiff«, einer Gedichtzeile von Arthur Rimbaud entnommen. Bis 4 Uhr morgens geöffnet.
230 E 51st Street, Manhattan

12 RYAN'S DAUGHTER €€
Klassischer, schummriger Irish Pub mit Bier vom Fass, Billard und Dartscheiben.
350 E 85th Street, Manhattan

13 MISSION DOLORES €€
Eine ehemalige Garage in Brooklyn mit Flipperautomaten, gutem Bier, einer Veranda mit rustikalen Holztischen und -hockern und Fotos mehr oder weniger berühmter Gangster an den Wänden.
249 4th Avenue, Brooklyn

14 UNION HALL €€
Empfehlenswerte Restaurant-Bar mit Live-Musik im Herzen von Park Slope. Und wer sich verausgaben möchte, kann Boccia auf einer der zwei Indoor-Bahnen spielen. Bis morgens in der Früh.
702 Union Street, Brooklyn

15 SUNNY'S BAR €
Beliebte Bar mit mehr als hundertjähriger Tradition und warmherzigem Empfang, in der man gut und gar nicht teuer essen und trinken kann. Immer wieder samstags: Bluegrass Jam Session.
253 Conover Street, Brooklyn

OPEN
BILLIARD
DANCE
Night Club
BAR
MILK SHAKES
ROCK 'N' ROLL
1
2
3
4
5
6
7
8
9
10
11
12
13
14
15

49 MOND ÜBER MANHATTAN

Wie wäre es mit einem Luxushotel auf der Plaza für eine unvergessliche Nacht? Oder finden Sie Urban Camping in einem Zelt auf dem Dach eines Hauses in Brooklyn doch attraktiver? Vom Palazzo bis zum Youth Hostel - Sie haben die Wahl. Wir stellen Ihnen 15 Schätzchen vor, entscheiden müssen Sie.

1 THE MERCER HOTEL €€€
Eine der besten Adressen in SoHo, unaufdringlich, modern, stilvoll und gemütlich. Unglaublicher Service: Das Personal liest Ihnen jeden Wunsch von den Augen ab.
147 Mercer Street, Manhattan

2 THE NOMAD HOTEL €€
Zimmer mit Pariser Charme und Chic in einem riesigen Gebäude direkt an der Kreuzung zwischen SoHo, Greenwich und Meatpacking District
1170 Broadway, Manhattan

3 SUGAR HILL HARLEM €€
Elegant restauriertes, dreistöckiges Stadthaus aus der Jahrhundertwende, nach afroamerikanischen Jazzlegenden benannte Suiten mit Erkerfenstern und Antikmöbeln - eine Reminiszenz an Empire und Rokoko. Ein Pluspunkt ist auch der schöne Garten!
460 W 141st Street, Manhattan

4 THE STANDARD, HIGH LINE €€ 👁
Riesiger Glaskasten mit 338 Zimmern, aus denen man einen atemberaubenden Blick auf die Skyline und den Hudson hat. Ein weiteres Standard-Hotel gibt's im East Village.
848 Washington Street, Manhattan

5 THE PIERRE €€ ♥
Einer der Kultpaläste der 1930er-Jahre aus Backstein und Granit. Man wäre kaum verwundert, auf Audrey Hepburn und Yves Saint-Laurent zu treffen, die hier einst logierten.
2 E 61st Street, Manhattan

6 LIBRARY HOTEL €€
Die zehn Etagen dieses dezent-eleganten Hotels wurden nach der Dewey-Dezimalklassifikation angelegt, der international am weitesten verbreiteten Klassifikation für die inhaltliche Erschließung von Bibliotheksbeständen: Auf jedem Stockwerk finden sich Bücher aus einem der zehn Themen, insgesamt 6000 Werke! Es gibt eine Dachterrasse und abends zwischen 17 und 20 Uhr Käse und Wein aufs Haus.
299 Madison Avenue, Manhattan

7 BIVOUAC NEW YORK
Camping in einem der sechs stabilen Zelte auf einem Hausdach - originelle Idee des Künstlers Thomas Stevenson. Man kommt mit seinem Schlafsack und Proviant fürs kollektive Dinner; es gibt weder Strom noch Duschen. Die Standorte variieren.
Informationen und Buchung unter: www.bivouacnyc.com

8 WYTHE HOTEL €€ ♥
Komplett renoviertes Hotel in einer ehemaligen Fabrik von 1901, vier Meter hohe, schicke Zimmer mit Industriecharme, Betten aus recyceltem Holz und Bar im obersten Stockwerk mit tollem Blick auf die Skyline.
80 Wythe Avenue, Brooklyn

9 THE GREENWICH HOTEL €€€€
Das charmante Hotel in Tribeca gehört Robert de Niro. Man fühlt sich hier ein bisschen wie zu Hause, mit Spa und Pool als Sahnehäubchen.
377 Greenwich Street

10 FRENCH QUARTERS GUEST APARTMENTS €€€
Möblierte Apartments mit Frühstück, ideal für Familien. Eine ideale Homebase für New York.
346 W 46th Street, Manhattan

11 THE HARLEM FLOP HOUSE € ♥
Günstige und ganz entzückende Zimmer mit Parkettböden und Holzbalken in einem viktorianischen Townhouse. Exzellente Alternative zu den oftmals überteuerten Hotels in New York. Empfehlenswert.
242 West 123rd, Harlem, Manhattan

12 WEST ELEVENTH €
Im Zentrum von Greenwich Village: B&B in einem Privathaus aus rotbraunem Sandstein. Jedes Apartment hat seine eigene Küche.
278 W 11th Street, Manhattan

13 THE HIGH LINE HOTEL €€
Hotel in einem imposanten neogotischen Gebäude, einem ehemaligen Priesterseminar aus dem 19. Jahrhundert - mit traumhaftem Garten.
180 10th Avenue, Manhattan

14 HOTEL GIRAFFE €€€
Charmante Adresse im Herzen Manhattans mit sehr schönem Dachgarten und stilvollen, luxuriösen Zimmern. Nette Geste: abends zwischen 17 und 20 Uhr Empfang mit Käse und Wein.
365 Park Avenue, Manhattan

15 THE PLAZA HOTEL €€€€ 👁 ♥
Das angeblich schönste Luxushotel der Welt - das lässt sich das Plaza was kosten: Für das günstigste Zimmer legt man 600 $ auf den Tresen. Unsterblich wurde das Hotel durch Filme wie »Der große Gatsby« oder »Der unsichtbare Dritte«.
768 5th Avenue, Manhattan

3
11
5
15
10
6
2
13
14
8
4
12
1
9
THOMAS BURNS

50 JENSEITS DES EAST RIVER

Vergessen Sie Midtown, das Empire State Building und die Straßen von Manhattan und begeben Sie sich in die Outer Boroughs. Lange fristeten diese Stadtbezirke ihr Dasein im Schatten der Touristenhochburg Manhattan: unbeachtet, vernachlässigt, vergessen. Bis eine neue Generation von Künstlern und Idealisten mit wenig Geld die verschlafenen Viertel aufmischte und einen kulturellen Wandel in Gang setzte, der New York fortwährend verändert.

1 COTTON CANDY MACHINE €€ 👁 ♥
Laden und Galerie mit durchgeknallt genialer Kunst, Kunstdrucken, Postern, Büchern, Spielsachen und mehr in einem ehemaligen Industriegebäude. Monatliche Events.
235 S 1st Street, Brooklyn

2 718 CYCLERY €€
Ein Mekka für Fahrradfreaks hat dieser ehemalige Architekt geschaffen. Wie wär's mit einer Erkundungstour auf dem Drahtesel durch Brooklyn?
254 3rd Avenue, Brooklyn

3 MCCARREN PARK 👁
Treffpunkt der coolen Jugend von Brooklyn mit super Sportangebot und saisonalen Märkten.
N 12 St. Lorimer Street, Brooklyn

4 FETTE SAU €€ ♥
Angesagtes und qualitativ hervorragendes Grillrestaurant mit BBQ, Craft Beer per Gallone und einer erlesenen Whiskykarte.
354 Metropolitan Avenue, Brooklyn

5 BUSHWICK COUNTRY CLUB € ♥
Typische Brooklyn-Adresse: ein alter Passbildautomat als Deko, ein baufälliger Minigolfplatz, leckere Home-made-Drinks und gar nicht teuer!
618 Grand Street, Brooklyn

6 BROOKLYN BOTANICAL GARDEN 👁
Tropische Pflanzen, Kräuter im Shakespeare Garden, eine beeindruckende Rosenschau, die größte Bonsaizucht Nordamerikas und als Hauptattraktion der japanische Garten mit Teehaus und Shinto-Schrein. Besonders schön im April und Mai, wenn die Kirschbäume und Magnolien blühen.
1000 Washington Avenue, Brooklyn

7 CONEY ISLAND CYCLONE COASTER €€ 👁
Die Holzachterbahn von Coney Island aus dem Jahr 1927 ist eine der berühmtesten Amerikas und wurde 1991 in den Stand nationaler historischer Wahrzeichen erhoben.
1000 Surf Avenue, Brooklyn

8 JANE'S CAROUSEL € 👁
Ein Karussell mit 48 handgeschnitzten Pferden und zwei Kutschen für Kinder - doch im Kreis drehen sich vor allem die Erwachsenen. Erstklassiger Blick auf den East River.
Brooklyn Bridge Park, Dock Street, Brooklyn

9 KING COUNTY DISTILLERY €€
Erste legale Whiskydestillerie New Yorks in einem alten Zahlmeisterhaus im historischen Brooklyn. Jeden Samstag Besichtigungen und Verkostungen.
Brooklyn Navy Yard, Bldg. 121, 63 Flushing Avenue, Brooklyn

10 MOMA PS1 👁
Das Zentrum für zeitgenössische Kunst, eine Dependance des MoMA, ist das Highlight in Queens.
Zur Dauerausstellung gehört u. a. auch das Video »Selbstlos im Lavabad« von Pippilotti Rist. Im Sommer finden hier großartige Warm-up-Partys und Kulturevents statt, *don't miss!*
22-25 Jackson Avenue, Long Island City, Queens

11 ROCKAWAY BEACH 👁
Chill-out am Meer an einem der größten Strände der Ostküste. Surfer aus aller Welt lieben diesen Spot. Mit dem Zug aus Harlem problemlos erreichbar, das letzte Stück führt durch die Vogelschutzgebiete der Jamaica Bay.
8601 Shore Front Parkway, Rockaway Park, Queens

12 EAGLE STREET ROOFTOP FARM 👁
Der Name ist Konzept: Auf dem Dach einer alten Fabrik in Greenpoint können Sie eine echte Farm mit Gemüse- und Obstanbau, Blumen- und Bienenzucht, Kaninchen und Hühnern besuchen.
44 Eagle Street, Brooklyn

13 WAVE HILL 👁
Versteckt im Herzen der Bronx liegt dieser herrliche Park mit fantastischem Blick auf den Hudson, exotischem Pflanzenbewuchs und Kulturzentrum.
675 W 252nd Street, Bronx

14 LITTLE ITALY IN DER BRONX 👁 ♥
Das Viertel der italienischen Immigranten in der Bronx ist wesentlich authentischer und vielfältiger als das Little Italy in Manhattan!
Arthur Avenue & East 187th Street, Bronx

15 EDGAR ALLAN POE COTTAGE 👁
Edgar Allan Poe (1809-1849), der Autor von »The Raven«, verbrachte hier die letzten drei Jahre seines Lebens. Haus- und Gartenbesichtigungen von Donnerstag bis Sonntag.
Grand Concourse & E 192nd Street, Bronx

13
15
14
P.S.1
10
12
3
1
4
5
8
9
2
6
11
QUENTIN VIJOUX

NEW YORK ZUM SELBSTGESTALTEN !

Wir haben Ihnen New York in 50 ganz unterschiedlichen Kapiteln vorgestellt, haben Ihnen oftmals ungewohnte Einblicke in die Stadt gegeben und Ihnen unsere Lieblingsorte und Geheimtipps verraten. Unseren Illustratoren war es ein Herzensanliegen, die Stadt witzig und unkonventionell, aber immer liebevoll darzustellen. Jetzt sind Sie dran! Erschaffen Sie hier Ihren ganz persönlichen ›Big Apple‹ !

❶

HOT DOGS
HOT DOGS
SANDRINE BONINI

PRAKTISCHE TIPPS FÜR NEW YORK

VOR DER REISE ...

Die USA haben die Einreisebestimmungen seit dem Jahr 2009 massiv verschärft. Jeder Reisende muss sich mindestens 72 Stunden vor der Einreise über das elektronische Einreiseregistrierungssystem ESTA die Einreise online genehmigen lassen: https://esta.cbp.dhs.gov

Wechselkurs: 1 $ = 0,91 € bzw. 0,94 CHF

Elektrizität: Die Netzspannung beträgt 110/115 Volt bei 60 Hz. Sie benötigen daher einen Adapter. Diese sind in jedem besseren Elektrogeschäft und an den Flughäfen zu bekommen.

NEW YORK IM WEB

www.newyork.de
www.nycgo.com (auch auf deutsch)
www.nyc.gov (auch auf deutsch)
www.timeout.com (auf englisch)

›BOROUGHS‹

New York ist in fünf Stadtbezirke (*boroughs*) unterteilt: Manhattan, Brooklyn, Queens, Staten Island und die Bronx.

INFORMATIONEN FÜR TOURISTEN

810 7th Avenue, zwischen 52nd und 53rd Street, Mo–Fr 8.30–18, Sa, So 9–17 Uhr, Tel. (212) 484 1200

Zweigstellen:
City Hall Park Visitor Information Booth: Ecke Park Row/Broadway, Mo–Fr 9–18, Sa, So 10–17 Uhr; Times Square Visitors Center: 7th Avenue, zwischen 46th und 47th Street, Mo–Fr 9–19, Sa, So 8–20 Uhr; Brooklyn Tourism and Visitors Center, Joralemon Street/Court-Adams Street, an der Rückseite der Borough Hall, Mo–Fr 10–18, im Juli/Aug. auch Sa 10–17 Uhr

WANN IST WAS GEÖFFNET?

Banken: Mo–Fr 9–15.30 Uhr, einige auch samstags 9–12 Uhr

Bars/Clubs: bis Mitternacht bzw. 1 Uhr, Nachtclubs bis 2 bzw. 4 Uhr

Geschäfte: tgl. 10–19 Uhr, einige haben samstags und sonntags geschlossen; Kaufhäuser/Supermärkte: tgl. 9–20.30 Uhr

Museen: in der Regel tgl. 9–17 Uhr

Post: Mo–Fr 9–17 Uhr, Sa 8–13 Uhr; Generel Post Office (West 33rd Street/ 8th Avenue): rund um die Uhr geöffnet

Restaurants: in der Regel tgl. 11–15, 17.30–23.30 Uhr

EIN PAAR PREISE ...

Trinkgeld ist nicht im Service enthalten, aber es ist obligatorisch, ein Trinkgeld (engl. ›tip‹) zu geben. Der Grund: Das Personal ist auf dieses Trinkgeld angewiesen, weil der Stundenlohn niedriger ist als bei uns und manchmal pauschal versteuert werden muss. Die Regel sind 15–25 % der Rechnungssumme (ohne Steuern, also ›pre-tax check‹), wobei ein Trinkgeld von 15 % bedeutet, dass der Service recht mies war ... Zahlen Sie mit der Kreditkarte, geben Sie in das dafür vorgesehene Feld auf der Rechnung den Betrag für das Trinkgeld an. Nur in Touristenhochburgen ist aufgrund schlechter Erfahrungen das Trinkgeld meist in der Rechnungssumme enthalten (Vermerk: ›gratuity‹). Das Zimmermädchen erhält üblicherweise pro Nacht 1 $, der Kofferträger 1 $ pro Gepäckstück, und in der Bar gibt man 1 $ pro Glas.

Ein Café: 2–5 $
Ein Bier: 7 $
Ein Sandwich & ein Getränk: 5–10 $
Eine Mahlzeit: 20–40 $
Eine Übernachtung in der Jugendherberge: für ein Schlafsaalbett mind. 35 $
Ein Standardzimmer: 150–200 $
Eine Taxifahrt mittlerer Distanz: 10 $
Ein Besuch in einem der Broadway-Theater: 100–300 $
Ein Eintritt im Museum: 8–20 $. Die meisten Museen bieten zu bestimmten Terminen kostenlosen oder reduzierten Eintritt an.

CityPASS (www.citypass.com) und New York Pass (www.newyorkpass.com) gewähren für viele Sehenswürdigkeiten reduzierte Preise.

Steuern: Die genannten Preise enthalten noch keine Steuern. Auf Konsumgüter und Dienstleistungen entfallen 8,375 %, auf Kleidung (unter 110 $) 4,375 % und auf Übernachtungspreise 14,75 %.

Es lohnt sich in der Regel nicht, Bargeld in den USA zu tauschen, da der Wechselkurs hier ungünstiger ist. In Hotels und bei den Mietwagenanbietern empfiehlt es sich, mit einer der gängigen Kreditkarten zu zahlen.

WIE FUNKTIONIERT DER ÖFFENTLICHE NAHVERKEHR?

Einfache Fahrt: 2,75 $. Mit der MetroCard kann man für 31 $ eine Woche lang sämtliche Subway- und Buslinien benutzen (für einen Monat 116,50 $).

Bus: Das Busfahren in New York ist einfach, sicher, preiswert und rund um die Uhr möglich und empfiehlt sich besonders, wenn man von Ost nach West und umgekehrt unterwegs ist. Während der Rushhour fahren die Wagen im 3-Minuten-Takt. Die Busse fahren in der Regel immer auf derselben Strecke, markierte Haltestellen findet man an fast jeder zweiten Ecke. Nachtbusse sind eine sichere, wenngleich langsame Alternative zur U-Bahn.

Subway: Die New Yorker U-Bahn fährt rund um die Uhr: während der Rushhour im 2- bis 5-Minuten-Takt (7.30–9, 17–18.30 Uhr), von Mitternacht bis 6.30 Uhr nur alle 20 Minuten. Die Subway ist die schnellste und effektivste Verbindung in der Stadt und besonders empfehlenswert, wenn man von Norden nach Süden und umgekehrt unterwegs ist. Im Prinzip kann man die Subway rund um die Uhr bedenkenlos benutzen. Es wird zwischen Express Trains (halten nur an den wichtigsten

Stationen) und Local Trains (halten überall) unterschieden.
Yellow Cab / Taxi: Taxifahren ist in New York eine gute Alternative, um von A nach B zu kommen, da eine Taxifahrt nicht teuer ist. Die Grundgebühr beträgt 2,50 $, etwa alle vier Blocks (0,2 Meilen) kommen 40 Cent hinzu; allerdings zahlt man montags bis freitags zwischen 16 und 20 Uhr sowie an allen Tagen zwischen 20 und 6 Uhr morgens einen Zuschlag von 1 $ bzw. 50 Cent. Trinkgeld : 15–30 %, je nach Fahrtdauer und Preis.

WAS IST LOS IN DER STADT? – VERANSTALTUNGSKALENDER

Feiertage: 1. Januar/Neujahr, 3. Montag im Januar/Martin Luther King Day, 3. Montag im Februar/Washington's Birthday, letzter Montag im Mai/Memorial Day (Gedenktag), 4. Juli/Independence Day (Unabhängigkeitstag), 1. Montag im September/Labor Day (Tag der Arbeit), 2. Montag im Oktober/ Columbus Day, 11. November/Veterans Day (Tag der Veteranen), 4. Donnerstag im November/Thanksgiving Day (Erntedankfest), 25. Dezember (Weihnachten)

Januar *Martin Luther King Day:* große Parade zu Ehren des berühmten Bürgerrechtlers. *Restaurant Week:* Die besten und größten Restaurants bieten ein Drei-Gänge-Menü für 25 $ (Lunch) bzw. für 38 $ (Dinner) an. *Winter Antiques Show:* Antiquitätenmesse für Sammler, Kuratoren und andere Interessierte. *Chinesisches Neujahr:* Zehn Tage lang wird in Chinatown ausgiebig das neue Jahr gefeiert, mit einer großen Parade als Highlight.

Februar *Empire State Building Run-Up:* Wettrennen im Empire State Building, 86 Etagen und 1575 Treppenstufen hoch … *Black History Month:* Der Monat ist der Kunst und Kultur der Afroamerikaner gewidmet.

März *Saint Patrick's Day:* Der irische Nationalfeiertag wird mit einer großen Parade und feucht-fröhlichen Umtrünken ausgiebig gefeiert. *Macy's Flower Show:* Gartenbaukünstler kreieren mit über 1 Mio. Blumen einmalige Exponate. *Armory Show:* eine der führenden Messen für moderne und zeitgenössische Kunst. *New Director/New Film:* Filmfestival, bei dem Newcomer im MoMA (Museum of Modern Art) und Lincoln Center gezeigt werden.

April *Ostersonntag:* große Parade in der 5th Avenue. *Artexpo New York:* Internationale Künstler stellen ihre Werke in der Lounge für Zeitgenössische Kunst am Pier 92 aus. *Central Brooklyn Jazz Festival:* Einen Monat lang finden in der ganzen Stadt Jazzkonzerte statt.

April / Mai *TriBeCa Film Festival:* internationales Kino- und Filmfestival.

Mai *Five Boro Bike Tour:* Am ersten Sonntag des Monats findet ein 40 Meilen langes Radrennen durch das autofreie New York statt. *Memorial Day:* Gedankfeier zu Ehren der im Krieg für das Vaterland Gefallenen.

Juni *Museum Mile Festival:* Auf der gesperrten 5th Avenue wird am zweiten Dienstag des Monats ein riesiges Straßenfest gefeiert. *Puertorican Day Parade:* Am Zweiten Sonntag des Monats findet auf der 5th Avenue die Parade der lateinamerikanischen Bevölkerung statt. *Lesbian and Gay Parade (NYC Parade):* Am letzten Sonntag des Monats feiert die Homosexuellen-Bewegung den Jahrestag der Schlachten rund um die Christopher Street von 1969. *Mermaid Parade:* Am Ende des Monats gibt es auf Coney Island eine Parade zu Ehren des Meeres und einen Ball in selbstgebastelten Kostümen.

Juli *Independence Day:* Nationalfeiertag, der mit einem beeindruckenden Feuerwerk über dem Hudson East River endet. *Mostly Mozart Festival:* Mitte Juli bis Ende August werden im Lincoln Center Gratiskonzerte gegeben. *Shakespeare Festival:* Im Juli und August werden im Central Park Open-air-Theaterstücke gegeben. *Lincoln Center Out of Doors:* Outdoor-Konzerte und -Ballettveranstaltungen von Mitte Juli bis Mitte August.

August *New York International Fringe Festival:* zweiwöchiges bedeutendes Kulturfestival (Theater, Musik, Tanz, Literatur etc.). *US Open:* eines der vier großen Grand-Slam-Tennisturniere. *Restaurant Week:* New Yorks Top-Restaurants bieten Feinschmecker-Menüs zu erschwinglichen Preisen an.

September *Feast of San Gennaro:* zehntägiges Fest in Little Italy zum Gedenken an den ersten italienischen Einwanderer.

Oktober *Colombus Day:* Am zweiten Montag des Monats wird die Entdeckung Amerikas durch Christoph Columbus gefeiert. *Halloween Parade:* Nicht nur bei der Parade auf der 6th Avenue, sondern überall wird gefeiert, oft in eindrucksvollen Kostümen. *New York Film Festival:* von Ende September bis Mitte Oktober im Lincoln Center. *BAM New Wave Festival:* Von Mitte September bis Mitte Dezember zeigt die Brooklyn Academy of Music Theater- sowie klassische und moderne Tanzaufführungen.

November *New York Marathon:* Mehr als 50 000 Teilnehmer laufen bei dem durch alle fünf Stadtbezirke führenden Marathon mit. *Thanksgiving Day:* Am 4. des Monats findet ein großer Umzug durch die Innenstadt statt.

Dezember New York ist für seine überbordende *Weihnachtsbeleuchtung* und *-dekoration* sowie die riesige Tanne vor dem Rockefeller Center bekannt.

31. Dezember Die weltweit größte *Silvesterparty* findet jedes Jahr auf dem Times Square statt.

IM NOTFALL

Notruf (Feuerwehr, Polizei, Ambulanz) : 911
Crime Hotline: 1 800 771 77 55
Krankheits-/Nofall: 1 800 395 34 00

UNSERE ILLUSTRATOREN

Das Besondere an den »50 Maps« sind die wunderbaren Illustrationen, von denen jede für sich ein kleines Kunstwerk ist. Um die Cityguide-Reihe realisieren zu können, brauchten wir an die hundert Illustratoren. Sie wurden wegen ihrer Kreativität, ihrer Originalität oder ihres Bekanntheitsgrades ausgewählt – oder gerade weil sie noch unbekannt waren ...

MARION ALFANO

Marion Alfano ist Absolventin der École Supérieure des Beaux-arts in Bordeaux und arbeitet als Layouterin und Grafikerin. Sie hat ein Faible für die Arbeit mit Stadtplänen und anderen Karten – sowohl von real existierenden als auch fiktiven Orten.

MARIE ASSÉNAT

Marie Assénat lebt und arbeitet als Illustratorin in New York. Sie hat Grafikdesign und Illustration in Brüssel studiert, ihr Diplom erwarb sie an der angesehenen École Nationale Supérieure des Arts Visuels in Belgien. Sie zeichnet und malt am liebsten mit Gouache und Tusche. Inspiration holt sie sich aus der Natur und der Tierwelt, dem Alltagsleben oder aus ihrer Kindheit.

XAVIER BARRADE

Xavier Barrade ist Grafikdesigner, Illustrator und bildender Künstler. Sein Studium hat er an der École Nationale Supérieure des Beaux-Arts in Paris absolviert. Gerne mixt er Materialien und Techniken, bedient sich der Fotografie oder benutzt Papier und Bleistift, um künstlerisch zu gestalten. Sein Werkkatalog reicht von Postern über Videoclips bis zu 3D-Objekten.

SANDRINE BONINI

Sandrine Bonini ist Absolventin der École Nationale Supérieure des Arts Décoratifs in Paris. Sie hat an animierten Kinofilmen mitgearbeitet, bevor sie sich für die Illustration entschied. Bücher veröffentlicht sie sowohl als Autorin wie auch als Illustratorin, außerdem gibt sie Kurse in der Kunst der Illustration.

LISE BONNEAU

Lise Bonneau arbeitet seit 2013 freiberuflich als Grafikdesignerin. Sie studierte Visuelle Künste an der École Supérieure d'Art Dramatique in Paris, bevor sie in Brüssel ihren Master in Typografie machte. Schon seit ihrer Kindheit besitzt sie eine Leidenschaft für Papier und Modellierung, aber sie arbeitet auch gerne druckkünstlerisch, vor allem mit Siebdrucktechniken. Ihr erstes Kunstbuch, »Typop-up«, erschien im Juni 2015.

BENOÎT CESARI

Benoît Cesari lebt und arbeitet in Montpellier. Er verwendet bevorzugt Filzstifte und schwarze Tinte, Farbe verleiht er seinen Zeichnungen am Computer. Manchmal benutzt er dafür auch farbige Tinte oder Aquarellfarben. Seine Illustrationen sind sowohl humorvoll als auch poetisch.

MARINA DELRANC

Marina Delranc ist verantwortlich für die künstlerische Gestaltung der »50 Maps«-Reihe. Nach ihrem Grafikdesignstudium an der École Nationale des Arts Décoratifs in Paris wurde sie Artdirektorin und arbeitet seit mehr als zehn Jahren in der Illustration von Büchern.

OLIVIER FONTVIEILLE

Olivier Fontvieille ist ein französischer Grafiker und Illustrator. Studiert hat er sowohl an der École Estienne als auch an der École Nationale Supérieure des Arts Décoratifs in Paris. Er unterrichtet Typografie und Buchdesign an der École de Communication Visuelle in Paris und arbeitet als Grafiker und Illustrator für verschiedene Zeitungen und Buchverlage.

MAXIME GARCIA

Maxime Garcia arbeitet als Illustrator und Regisseur von Animationsfilmen. Er gestaltet Comicbücher, Plakate und animierte Kurzfilme und ist für die grafische Untermalung von Konzerten zuständig. Druckkunst hat er an der École Estienne in Paris studiert, Illustration an der École Supérieure des Arts Décoratifs in Straßburg. Maxime verwendet gerne unterschiedliche Materialien und Techniken – von der Fotografie bis zur Druckkunst.

ÉLISE GODMUSE

Die ausgebildete Grafikerin Élise Godmuse lebt in der Nähe von Paris. Als Freelancerin illustriert sie Bücher und gestaltet Buchcover. Sie fotografiert leidenschaftlich gern, am liebsten Menschen.

GREYGOUAR

Der französische Grafikdesigner und Illustrator Greygouar hat eine Leidenschaft für Bilder und deren Bearbeitung. Er lässt sich gerne inspirieren von Street Art und experimentiert mit unterschiedlichen Medien und Materialien – Plakaten, Textilien oder sogar Skateboards. Detailfreude und Mut zur Farbe sowie eine klare Linienführung zeichnen seinen Stil aus.

PHILIPPE HALABURDA
Philippe Halaburda ist ein französischer Kunstmaler, der Grafikdesign und Bildende Kunst in Paris studiert hat. Für seine abstrakte Malerei verwendet er Acrylfarben auf unterschiedlichen Untergründen.

BERNIE HOU
Bernie Hou ist ein amerikanischer Illustrator und Comicautor mit großem Faible für das Kino. Als Ausgangsmaterial für seine kurzen filmischen Sequenzen dienen ihm Fotografien. Einem größeren Kreis bekannt wurde er durch seinen im Internet veröffentlichten Comic »Alien Loves Predator«.

SARAH A. KING
Sarah A. King wurde in London geboren und studierte Grafikdesign an der University of Brighton. Heute lebt sie an der Westküste von Kanada und arbeitet als Illustratorin, als Regisseurin von Animationsfilmen und als Druckkünstlerin. Die Inspiration für ihre archaisch anmutenden, expressiven Illustrationen holt sie sich in der Natur und auf ihren zahlreichen Reisen. Buchstaben und Wörter spielen eine große Rolle in ihren Zeichnungen.

SOPHIE LEDESMA
Sophie Ledesma ist Absolventin der École Supérieure d'Arts Graphiques in Paris und betätigt sich als Textildesignerin und als Illustratorin.

AURÉLIE LEQUEUX
Aurélie Lequeux ist Grafikerin, Illustratorin und Dozentin für Bildende Kunst. Sie lebt und arbeitet in Paris.

PHILIPPE MARCHAND
Philippe Marchand, Sohn eines Verlegers, ist seit Kindesbeinen mit der Welt der Bilder und Worte vertraut. Nach Ausbildungen in Grafik- und Buchdesign in Italien sowie im internationalen Verlagswesen in England war er 15 Jahre als freischaffender Artdirector tätig, bis er 2003 sein eigenes Studio »Olo« in Paris eröffnete. 2007 gründete er gemeinsam mit Nicolas Marçais den Verlag »olo.éditions«, um seiner Leidenschaft nachzugehen und etwas andere, besondere Bücher zu publizieren.

MH
MH hat an der École des Beaux-Arts in Paris studiert und arbeitet als Zeichner und Grafiker. Er erschafft kleine, witzige Figuren aus Ton, die er in viele verschiedene Situationen und Szenen versetzt und ihnen Leben einhaucht.

MIGUEL MONTANER
Miguel Montaner wurde in Barcelona geboren, wo er Grafikdesign und Illustration studierte. Sein Stil ist gekennzeichnet durch breite, geometrische Linien, Flächen mit weichen Konturen und kräftigen Farben.

MIGUEL PORLAN
Miguel Porlan wurde in Barcelona geboren und arbeitet in erster Linie für die internationale Presse. Seine Illustrationen sind nur auf den ersten Blick einfach, stecken dabei aber voller Poesie und vermitteln klare Botschaften. Beeinflusst wird er vorrangig von Comics und dem Grafikstil der zweiten Hälfte des 20. Jahrhunderts.

TANIA WILLIS
Tania Willis ist Illustratorin. Sie hat am Royal College of Art in London studiert, danach ist sie nach Hongkong gezogen. Als Kartografie-Liebhaberin zeichnet und malt sie bevorzugt Illustrationen zum Thema Reisen. Sie hat die Wände eines Krankenhauses in Hongkong gestaltet und zum 20-jährigen Jubiläum einer Fluggesellschaft ein Flugzeug bemalt. Ihre in Pastelltönen gehaltenen Karten und Gemälde wirken fröhlich und leuchtend.

LEZILUS

Die Agentur Lezilus vertritt seit 2005 vor allem junge Illustratoren und Grafiker. Da sie überwiegend aus Street Culture, Animation, Pixel-Art oder zeitgenössischem Zeichnen kommen, bringen sie neue Impulse in die Welt der Werbung.

JON BURGERMAN

Jon Burgerman wurde in Großbritannien geboren und studierte Kunst an der University of Nottingham, danach zog er nach New York. Der vielseitig talentierte Künstler ist Designer und Illustrator. Sein plakativer Stil und seine meist knallbunten Bilderwelten erinnern an Pop Art. Einige seiner weltweit gesammelten Werke sind Teil der ständigen Ausstellung des Victoria & Albert Museum und des Science Museum in London.

NIARK1

Der Pariser Illustrator Niark1, der mit bürgerlichem Namen Sébastien Féraut heißt, erforscht als Künstler verschiedenste Bereiche. Am Bildschirm eines Computers fühlt er sich genauso wohl wie mit Bleistift oder Pinsel in der Hand. Im Laufe seiner Künstlerkarriere erschuf er ein eigenes kleines Universum – surreal und bevölkert von bunten Kreaturen, die direkt seiner überbordenden Vorstellungskraft entstammen. Die Werke von Niark1 finden sich auf Plakaten für Musikfestivals, auf Kleidung und Schwimmbrettern, in Magazinen, internationalen Publikationen und in Galerien.

ILLUSTRISSIMO

Illustrissimo wurde im Jahr 1992 von Michel Lagarde gegründet. Die Agentur repräsentiert europäische Illustratoren sowie Grafiker und Animatoren aus der ganzen Welt.

ICINORI

Mayumi Otero hat eine japanische Mutter und einen spanischen Vater. Zusammen mit dem Franzosen Raphaël Urwiller studierte er an der Straßburger École Supérieure des Arts Décoratifs. Gemeinsam gründeten sie den experimentellen Verlag Icinori, mit dem sie – mal jeder für sich allein, mal zu zweit – die verrücktesten Projekte realisieren. Beide verbindet die Leidenschaft für Druckplatten und Siebdruck.

GWENDAL LE BEC

Der Illustrator Gwendal Le Bec stammt aus der Bretagne und studierte grafische Gestaltung an der Duperré-Hochschule in Paris. Im Jahr 2011 erhielt er eine Auszeichnung, die »Pépite«, im Salon von Montreuil für sein Buch »Le Roi des oiseaux«. Seine Bilder, teils farbig, teils schwarz-weiß, zeichnen sich aus durch eine lebendige und präzise Linienführung sowie durch das Spiel mit Licht und Farben.

JACOPO ROSATI

Nach seinem Studium an der Accademia di Belle Arti in Venedig sammelte Jacopo Rosati seine ersten Erfahrungen als Grafiker im Studio Camuffo, wo sein grafisches Universum Gestalt annahm. Er verwendet nur wenige Farben und baut seine kleine Welt aus dekupiertem Wollfilz auf.

CHRISTIAN ROUX

Christian Roux' Bekanntheit erreichte ihren ersten Höhepunkt in den Jahren 1980 bis 1990 unter dem Pseudonym »Cathy Millet«. Nun macht der französische Illustrator in der Grafikerszene erneut von sich reden durch seine feinen Zeichnungen mit chinesischer Tusche. In dreißig Jahren hat der Autodidakt seinen Stil kontinuierlich weiterentwickelt.

QUENTIN VIJOUX

Der Illustrator Quentin Vijoux studierte an der Duperré-Hochschule sowie an der École Estienne in Paris. Er arbeitet für verschiedene Werbeagenturen und zeichnet für die internationale Presse. Seine klare Linienführung kombiniert er von Zeit zu Zeit mit körperhaften Objekten oder Dekupagen aus Papier. Sein erster Comic, der den Titel »Eugène« trägt, wurde 2013 bei Michel Lagarde veröffentlicht.

JIM HANSON

Die Agentur Jim Hanson hat ihren Sitz in Chicago und arbeitet seit zwanzig Jahren mit talentierten Fotografen und Illustratoren zusammen, die ihre Leidenschaft für Kunst und Kreation teilen.

MARI ARAKI

Die gebürtige Japanerin hat am Art Center of Design in Pasadena studiert und lebt jetzt in Los Angeles. Sie bezeichnet sich selbst als Künstlerin und Geschichtenerzählerin, was man beim Betrachten ihrer Illustrationen schnell versteht: Buchstaben und Wörter werden in ihren Arbeiten zu Protagonisten ihrer eigenwilligen imaginären Welt.

THOMAS BURNS

Thomas Burns ist ein amerikanischer Illustrator, der Grafikdesign an der University of Florida und Illustration am College of Art and Design in Atlanta studierte. Er zeichnet vor allem fröhliche, detailreiche und farbenprächtige Szenen.

HYESU LEE

Hyesu Lee ist eine Illustratorin mit Wohnsitz in New York. Sie arbeitet für verschiedene Magazine und Werbeagenturen und hat bereits vier Bücher veröffentlicht.

GARANCE

Garance ist eine Agentur für Illustratoren mit Sitz in den USA. Sie repräsentiert eine Gruppe internationaler Künstler, zu denen auch so mancher Top-Star der Branche gehört.

BENEDITA FEIJÓ

Benedita Feijó ist eine der bekanntesten portugiesischen Grafikerinnen. Nach ihrem Studium am angesehenen Central Saint Martins College of Art and Design in London fing sie an, als Illustratorin in der Werbung und für große Marken zu arbeiten. Darüber hinaus kreiert sie bunte Objekte und erarbeitet traumhaft anmutende Collagen, die sowohl die Natur als auch das urbane Leben thematisch aufgreifen.

ÉRIC GIRIAT

Éric Giriat studierte an der École Supérieure d'Arts Graphiques Penninghen. Er sieht sich selbst als Zeichner ohne geografische, ästhetische oder thematische Grenzen. Seine Bilder sind oft verspielt und poetisch und ein Mix aus Malerei, Collagen, Fotos und Pixel. Giriat ist in vielen verschiedenen Bereichen tätig – von Mode über Politik bis zu Medien oder Möbeldesign.

LORENZO PETRANTONI

Lorenzo Petrantonis Leidenschaft für grafische Gestaltung und seine Faszination für das 19. Jahrhundert bilden die Grundlage für seine einzigartigen Illustrationen. Nach einem Grafikstudium in Mailand startete er seine Karriere als Artdirector in Werbeagenturen in Frankreich und Italien, wo er Kampagnen für große Marken umsetzte. Seit 2009 arbeitet er ausschließlich als Illustrator. Er verwendet Bilder, Zeichnungen und Typografien aus alten Büchern, die er bei Antiquaren und Trödlern aufstöbert. In seinen vielbesprochenen Arbeiten vermischt er die Epochen und spielt mit ihnen, um vergessenen Wörtern, Ereignissen oder Personen wieder Leben einzuhauchen oder um die Gegenwart zu verfremden.

IMPRESSUM

ABBILDUNGSNACHWEIS

Unabhängige Illustratoren: © Benoît Cesari : Cover, S. 5 ; © Philippe Marchand : S. 7, 37; © Olivier Fontvieille : S. 9, 59, 71 (Halskette: © Vladimirfloyd/Fotolia und Porträt : © Ramzi Hachicho/Fotolia); © Philippe Halaburda : S. 11; © Lorenzo Petrantoni : S. 13; © Greygouar : S. 15, 65; © Élise Godmuse : S. 17 (Schreibmaschine : © Fotolia/lgarts), 47; © Aurélie Lequeux : S. 19; © Marina Delranc : S. 41, 57 (Basiskarte : © Shutterstock/Roberto A. Sanchez); © Miguel Porlan : S. 27, 91; © Xavier Barrade : S. 31; © Sophie Ledesma : S. 21, 95; © Marie Assénat : S. 35, 77; © Tania Willis : S. 39; © MH : S. 43; © Maxime Garcia : S. 49, 63, 97; © Bernie Hou : S. 51; © Marion Alfano : S. 69, 99; © Miguel Montaner : S. 73 ; © Sarah A. King : S. 75, 93; © Lise Bonneau : S. 83; © Sandrine Bonini : S. 105, Deckblätter

Agentur Garance: © Éric Giriat : S. 79; © Benedita Feijó : S. 81

Agentur Illustrissimo: © Gwendal Le Bec : S. 23, 25; © Christian Roux : S. 29, 53; © Icinori : S. 67; © Quentin Vijoux : S. 85, 103; © Jacopo Rosati : S. 89

Agentur Jim Hanson: © Hyesu Lee : S. 55, 87; © Mari Araki : S. 61 (Foto, © Shutterstock/glamour); © Thomas Burns : S. 101

Agentur Lezilus: © Niark 1 : S. 33; © Jon Burgerman : S. 45

Agentur Shutterstock: © alien-tz : S. 1, 2, 106, 107, 108, 110, 112; © balabolka : S. 109; © Blu67design : S. 111

Konzept: Philippe Marchand
Art Direction und grafische Gestaltung: Marina Delranc
Französischer Text: Françoise und Pauline Bayle
Recherche und Text: Gaspard Walter
Redaktion der französischen Ausgabe: Laura Stioui
Redaktionsassistenz: Guénola Sacher

Hinweis: Autoren und Verlag haben alle Informationen mit größtmöglicher Sorgfalt geprüft. Gleichwohl erfolgen alle Angaben ohne Gewähr. Bitte schreiben Sie uns! Über Ihre Rückmeldung und Verbesserungsvorschläge freuen wir uns: DuMont Reiseverlag, Postfach 3152, 73751 Ostfildern, info@dumontreise.de

1. Auflage 2016

Übersetzung: Karin Ballauff, Wien, Susanne Völler, Köln
Textbeiträge: Susanne Völler, Köln, Karin Ballauff, Wien
Lektorat: Susanne Völler, Köln
Komplettproducing: Redaktionsbüro Susanne Völler, Köln

ISBN 978-3-7701-8862-8
Printed in Malaysia